風の時代を軽やかに生きる
「魂活」の教科書

魂活

真印——著

喚醒靈魂記憶，重啟你的人生

高宜汝——譯

目次

第二章

魂活的心態思維：把老舊的價值觀歸零

第三章

魂活練習：開始行動，改善循環

第四章

魂活行動：每天持續培育新的自己

前言

世界的價值觀改變的瞬間

「土象時代」已經結束，從而進入「風象時代」。

或許你也曾在哪裡聽過這句話。這是占星術稱為「大合相」的一種星象循環，意味著土星與木星每兩百年重疊一次的現象。人們認為土象時代在二〇二〇年十二月告終，風象時代已到來。

在風象時代，要讓自己與重視的人以及整個世界，往好的方向前進的最大重點在於，無論看得見或看不見，只要可以感受得到，都要下意識地做出自己能由衷接受的選擇。

風象時代的象徵，是「非物質」。

感覺到「最近風向好像變了」的人，或是開始訂定新目標、想開始新挑戰的人應該也變多了吧。為了鼓勵想自由展翅飛往新世界的你，我才決定撰寫這本書。

或許有人一聽到靈界，就會不自覺地提高戒心。可是，靈界不奇怪、也不奇異，更不是什麼特別的東西。自古以來，我們本就會與大自然對話，善於藉由相信自己的感性，運用看不見的力量。

雖然現在不會使用，不過你肯定也有這股力量。你的生活一定有這股力量在支持著你。

我想告訴你的只有一件事：

不需要透過任何外力協助，你已經能與自己的靈魂相連，擁有引導自

己走向幸福的力量。

這是多元價值觀共存的時代、互道「你跟我不一樣，可是我們尊重彼此的自由與幸福，一起生活下去」的時代、網路時代、共生的時代。

這個時代，也是容易和「看不見的東西」相連的時代。

去除稜角使其變得圓滑的涵義，我將土象時代變成風象時代，稱為從「△的時代」變成「○的時代」。**風象時代也是「圓（相連）的時代」**。

我能告訴你「靈魂世界機制」的緣由

在這本書開始之前，請容我先簡單自我介紹。我是心靈導師，主要在家鄉愛媛縣松山市以及東京這兩個據點活動。

二戰結束，鄉下還沒有什麼醫療設備的時候，我的祖母就開始在松山治療有煩惱或生病的人，有時也會從事「驅除不好的東西」的工作。

在飛鳥時代那種政教關係良好的日本古代，皇宮有專門負責聽取大自然與神明訊息的職位，叫做「采女」，以現代工作來比擬的話，內容跟醫師、藥師、心理師以及巫女一樣。我家就是采女的後裔。

總之，世世代代都因為緣分，一直擔任著與「看不見的世界」溝通的角色。

但說實話，在律令制度尚未出現的時代，人們似乎不用透過心靈導師，也各自擁有聽取大自然與神明訊息的能力。而我的願望，就是協助每個人，找回隨著時代變化逐漸流失的這股力量。

本書的使用說明

應該有聽過「呱呱落地，上蒼召回」這樣的話吧？

如同字面上的意思，從遠古時代開始，人類已明白靈魂附體、靈魂離體回鄉的機制。

為了活出充實的人生，意識到重責大任在於自己的靈魂，並全力活用靈魂的行為，本書稱為「**魂活**」。

這本書是心靈導師真印，獻給大家的魂活專用教科書。

目標是讓你傾聽守護你的聲音，獲得活出最佳人生的提示。

第一章「世間的『機制』」，將說明關於靈魂世界的起源與規則。靈魂究竟是什麼？為什麼我們有肉體？為什麼我們生在這個世間？本章會一一回答這些問題。由於第一章是第二章到第四章的基礎，請先讀完這章再讀第二章。

第二章「魂活的心態思維」，介紹如何面對並審視生活的心態思維，讓魂活成為跟自己有關的事。內容包含察覺到不適合現在的自己，請靈魂幫忙重建的做法。

第三章是「魂活練習」，也就是行動篇。例如「飲食」「金錢」「社群」「訊息」等，從跟生活有關的關鍵字，解釋魂活的方法。透過具體行動，使周遭的循環變好，讓任何事物都變得很順利。

第四章是「魂活行動」。對於想實際深究的人，本章將進一步介紹具體做法。這些都是持續至今，我親自確認過成效的方法。

從有興趣的段落開始閱讀也無妨。

有煩惱或是有興趣的時候，多多翻閱這本書。

請放鬆隨興去享受吧。開始魂活囉！

插曲①

被真空抽吸器吸回地面——任務的出發點

哇，太糟糕了。

那時，我明明已經完成任務了。

連階梯都爬完了。應該要像前輩們一樣從訓練課程中畢業，走進「那邊的世界」才對。現在卻落得這副模樣。

我被從地面上伸出的巨大抽吸器吸住，硬把我拖回到原本的地面。

為什麼？

又要從肉體開始？

絕望的我被吸入抽吸器中，回過神來，才發現自己正躺著換尿布，看到微笑看著我的大人們。

偏偏我降生在「土象時代」。

偏偏我落在外型為「生理女」的肉體中。

要冷靜，要冷靜……（大哭）

跟讀者們解釋一下我遭遇的情況。

我是某個靈魂。在靈魂的世界中，出生時會分配到某個主題。想回到原本歸屬的地方，必須進入名為肉體的容器，經歷「人生」的過程，按照靈魂的主題完成任務才行。

當任務順利完成的時候，就有權住在不受肉體限制的「那個世界」。

經年累月，我總算完成任務，照理說應該要平安抵達那個世界。可是在某個瞬間，突然有個像真空抽吸器的東西吸住我，硬把我帶回地面。

我無法抵抗洪流。雖然很不甘心，但我只能繼續修行。

但是，即使重生為嬰兒，我還是保有靈魂世界時的記憶。

這是怎麼一回事呢？

第一章

世間的「機制」

靈魂世界的故事

講到靈魂，你腦中會浮現出何種樣貌？
是白色飄渺的人形？還是藍色的鬼火？
或是仍在流連的祖先魂魄？
人們總是以各種形象及語言講述靈魂世界。
本章要說明的，就是混雜著看不見與看得見的世界的機制。
和各位聊聊，我一直以來看到的廣大又有趣的靈魂世界。
接下來要告訴你的，對你來說不是完全陌生的世界。
請邊試探自己的感性，邊發揮想像吧。

個性會從沒必要轉為重要

首先，簡單談談關於時代的性質與輪迴。

火、地、風、水是自古希臘時期起，被視為構成世界的四個元素。「二〇二〇年十二月二十二日起進入風象時代」，說不定有人聽過這個說法，尤其在占星術相關文章蔚為話題。自古希臘時代起，就視火、地、風、水為四大元素，這個思想影響著各種學問及宗教，跟東洋的五行概念也很類似。

有看法認為，這四大元素各自象徵的時代，約每兩百年會輪替一次。

現在我們正處於時隔兩百四十年，由土象時代轉為風象時代的開端。接下來的水象時代會在兩百年後來臨。

我試著簡單統整一下每個時代。

在介紹風象時代之前，先說明本書大部分讀者都經歷過的前一個時代，也就是土象時代。

「土」元素象徵的是物質上的豐沛，是人們把金錢或地位等「看得見的成果」，視為目標的時代。

大量生產、大量消費，以這種行為來推動經濟、競爭、進化，隸屬於集團來發展優秀傑出的個人能力，是當時的價值觀。

在某種意義上，是華麗又具侵略性的時代。

但是，也有負面的一面。人們在有身分、地位、貧富差距的社會中奮力往上擠，這也是利用性別、國家、價值觀、文化等各種差異而產生優劣的時代。

在主流價值觀是以顯著前進、發展，或獲取為目標的社會中，每個人獨特的個性與價值觀很容易被輕視。很多人會硬把自己塞進「應該要這樣」的社會框架中綁住自己。就像超市排列的蔬菜或工業製品般，去除個性，再標準化。土象時代可說是越獨特的人，越必須扼殺自己的時代。

時代	具代表性的大事	開始年代	特徵
土象時代	工業革命	1800 年左右	物質、累積資產、證照、大量生產消費、所得
火象時代	藝術興盛	1600 年左右	熱情、生命力、文化藝術、創造、表現、直覺
水象時代	大航海時代、宗教革命	1400 年左右	融合、破壞、再生、魔術、非科學
風象時代	進入鎌倉時代	1200 年左右	非物質、循環、彈性、個人、自由、聯繫

四大元素與時代輪迴

時代更迭之際的典範轉移

無法從容思考自身，或面對大自然與生命本質的情況，也是土象時代的一大弊病。

人們活著的樂趣及豐富，本來就不能以數字或看得見的成果來表示。而且我們之間原本就有差異，而非優劣。

接下來的這個時代，在土象時代的成果主義下被犧牲的個體能力、對看不見的事物抱持敬意，以及多元的價值觀，正開始受到注目。

萌生與看不見的事物溝通的能力

世上不只有能用肉眼看到的事物。

若要用一句話來表示象徵「風」的事物，大概就是這句話了吧。

雖然眼睛看不到，但彼此相連。

即使眼睛看不到，仍彼此扶持。

我認為，接下來會邁入這樣的概念要比看得見的事物更珍貴的時代。

簡言之，即跟靈性、靈魂世界的連結。

我們原本就善於和大自然融合對話，代表人類起初擁有的感性得以復活，每個人都能運用它的時代來臨了。

從重視隸屬組織的安心感土象時代，開始進入以個體為主、彼此分散的風象時代。

畢竟時代改變，過程中當然會衍生出無枝可依、未來不明確的不安。

你有超強力的啦啦隊

與看不見的事物連結的力量終於要登場了！不論是誰，原本都擁有總是相連在一起、接近自己並提供建議的存在；像守護靈、祖先等，人們自古以來就以各種名稱奉祀著這些存在。有些存在是在過世之後守護家人，也有些存在是守護著彼此毫無血緣但有緣的人。

現在正是土象時代轉移到風象時代的過渡期，察覺到變化的人逐漸增加。等到察覺的人多到某個程度，便會如同翻牌般，等所有人都發現這件事後，時代才算真正更迭。

或許現在還有臨界點來臨前的掙扎。

我們每個人都相信看不見的事物。各自有信念的狀態，意味著獨立生活的人變多了。當中也有不覺得這是好事的人。

有時我們可能會因為這種人的言論而感到困惑，但是我們有選擇的自由。所以，靠自己做出明確的選擇，不受他人言語左右，也會變得更加重要。

插曲②

我們的時間有限——「陸續生長」的那天

那是某天散步時被迫觀看的影像。
我突然被帶回過去，影像以快轉開始播放。

景色是一片赤裸的大地。
人們像植物般，陸續誕生，枯萎，回歸塵土。
這個動作一再重複循環。
四周背景漸漸轉變為現代。
道路延伸、汽車奔馳、建築物開始增加。
可是人類，不管是誰都一下子誕生，一下子回歸塵土。

我，也即將是其中一人。

一眨眼就是回歸塵土的存在。

不是嘆氣的時候。

沒有沮喪的時刻。

在有限的時間裡、賦予我們的時間裡，我到底要學習什麼呢？

我到底為了什麼降落於此呢？

我就這樣開始自問自答。

多虧這時候看到的影像，我的「時間概念」確實改變了。

了解生命的三大要素，發掘埋沒的自我主軸

誕生於世上的生物，由野性、心性與靈性三個要素組成。

【靈魂＝靈性】

所謂靈魂，是不會死亡的存在。每個靈魂都有自己固有的向量（該前進的方向），並持續往那個向量前進。有時人們會稱這樣的向量為「任務」或「使命」。

【肉體＝野性】

相對的，肉體這個容器是有壽命的。肉體是指這輩子的容器。只要身為容器的職責結束，就會死亡。

例如吃好吃的食物、保持健康、談戀愛與稍做打扮，這些都是野性的需求。讓容器進食、心情好又健康生活，對靈魂來說是非常重要的事。

不過，野性相當有個性，時不時會扯靈魂的後腿。只選輕鬆的路走、讓自己維持現況，或是對不順心的事憤慨不已，這些所謂人類的煩惱，都可視為野性的作為。要好好訓練自己的野性，便需要自律。

就算肉體消亡，靈魂也不會消失。祂會再次選擇下個肉體，重新輪迴出生到地球上，直到完成使命。肉體死去，靈魂便會移動到下個肉體，差別只在於容器不同而已。靈魂以「這次要借用這個容器，讓這孩子往自己靈魂的方向前進」的想法，選擇下次出生時要使用的肉體。

像這樣，靈魂憑藉許多肉體走完自己的向量之後，完成使命的終點，就是從漫長旅途中「畢業」。

【內心＝心性】

內心是連接肉體與靈魂的橋梁，也能說是管道。實際上，這個管道如果堵塞的話，就無法聽到來自靈界的訊息。所以，**為了順利遵循靈魂的向量生活，使內心處於開心又純淨的狀態，是相當重要的事**。

要使內心健康，一定得讓肉體（野性）也保持健康。野性如果心情好，心性也會變得開朗明亮。當心性變得開朗，才能接觸（連結）內心深處那座橋梁上的靈魂。

心性如同一盞燈。你的內心有個調光器，轉開調光器就會越來越亮。

理所當然卻容易忽略的事

舉例來說，健康不佳或是不滿意現在的自己、覺得有壓力等，都是遭到肉體需求玩弄，容器本身心情不好的狀態。

如此，燈光會越變越暗，內心這座橋梁便無法通行。人會因為陷入這種狀態而聽不到靈性的要求，真正要做的事，以及內心或靈魂希望自己做的事，也因此無法被正確傳達。

這種狀態也幾乎是現代人的狀態。只要好好打掃管道，你就能看清楚要達成的任務是什麼。因此，**要成為「討好自己的專家」，讓自己滿足成為一切的最大前提**。

讓靈魂前輩幫助你——新時代的成功法則

即使看不見，也守護著我們的——接著談談每個人身邊那些守護著我們的存在。

人類自古就以各種稱謂來稱呼、信仰這些存在；神明、守護神、偉大的人、美好的存在、創世主等。我覺得這些稱呼說不定指的是同一種存在。

對我來說，最順口的稱謂是「高次元存在」，意思是從高次元守護我們的存在。

超越三次元、四次元之後，就已經是看不見的世界。聆聽從那個地方給我們建議的聲音，對於使靈魂登上更高次元來說相當珍貴。

先前也提過靈魂不死。靈魂不會消滅，在通過各種試煉之後，會抵達不需要肉體的次元。

而**「畢業」的靈魂，就是高次元存在**。換句話說，所謂高次元存在，就是靈魂前輩——原本也有肉體，曾經跟現在的我們一樣，在地球上修行的人。

「加油！」這些人會從上方幫我們加油，還會非常有耐心又細心地引導我們，讓每個人都能抵達更高的次元。

以前就有「聆聽祖先的聲音」或是「遇到煩惱就求神拜佛」等說法，這些願意守護並引導我們的存在，就是和每個人各自有緣的高次元存在。

來自高次元存在的訊息，基本上都會公平地告訴每個人。可是，接受訊息的我們，容器不盡相同。

有些尺寸像小酒杯，有些則是大鋼盆，還有些容易接收到訊息，有些則不然……每個容器都不一樣。透過從事魂活，每天維修自己的內心，就可以讓接收訊息的容器變大。

沒有比聽從真心更能讓事情順利進行

若要聽到靈魂的需求，連結肉體與靈魂的內心（心性）這個管道，就必須保持暢通。

與靈魂世界連結，就能持續接收守護自己的存在的建言。這件事聽起來好像很奇特，其實並不會很困難。

比方說，以下這些瞬間都是恰巧連結到高次元存在、接收到訊息的範例。你是否有過這些經驗呢？

・正對某件事感到一肚子火，變得情緒化，但同時也像是在看轉播一樣，發現「啊，現在我在生氣耶」，以俯瞰的角度觀察情緒化的自己。

・做了平常絕對不會做的選擇之後，事情往未預料的方向順利發展。

・立刻去做突然想到或決定要做的事之後，所有時機的搭配都很完美。

這些說不定是聽從靈魂要求的狀態。雖然情緒化或食欲等欲望是野性（肉體）的需求，不過能在俯瞰肉體的狀態尋求自己原本該前進的方向，可說是靈性（靈魂）優先的狀態。

這是「可以」的指示，還是「謝謝再聯絡」？

我的故鄉是依山傍海的地方，我對大自然始終抱持著無法與其對抗的畏懼感。而且，不管是山神、海神，還是鎮守在各領域的守護神，我總是感覺與祂們之間很親近。

我常常去登山，或許覺得自己跟修驗道*的世界有緣。請大家務必到山裡走一趟，感到走投無路的時候去也很不錯。

進入山中的神聖領域後，身體會變得輕盈，自然會浮現出「感恩」的心情。在身體變輕盈的同時，即使不刻意去做也會自然開始深呼吸。

有時會出現察覺這裡一半是神界，一半是凡間的瞬間。站在這種地方很有趣，往來神界跟凡間這兩個領域的就是人啊。

不過，也有遇到山告訴我「今天不能來」的日子。即使齋戒淨身後再去挑戰爬山，也無法順利進入。有時山會非常具體又明確地告訴我「不行」，突然來場暴風雨或自己突然身體狀態變差等。有時也會傳來連身體都能感覺到的壓迫感，藉此拒絕我，例如「雖然好不容易約好了，但是不知為何不想去」的感覺。

就算是跟朋友約好登山，只要我覺得好像有什麼壓迫感在，絕不會勉強自己赴約，有這種感覺寧可取消約定。

＊到深山閉關修行以得道的一種日本傳統信仰。

對「不對勁」的敏感度日漸重要

要變得能清楚明白、感受到「唉，今天不對」的感覺，而不是「因為跟某人約好所以赴約」「這麼做才是常理所以必須做」，如此便可避免和自己產生不必要的摩擦與抗拒。

我們得面對自己的狀態跟能量，認清現在來自神明的指示是「可以」，還是「現在不行」（時機不對）。

這種**去接收「小小的不對勁」，或是告訴自己「現在正是時機！」的機會敏感度**，在接下來的風象時代將越發重要。

我經常豎起有興趣跟好奇心的天線到處探查，如果接收到「啊，有點在意」的情報，不會多加思考，我會立刻就去體驗。

不論是活動還是約好與人見面，幾乎所有事情都會遇到沒特別勉強調整，就莫名騰出時間的時機。不讓自己錯失這個時機，意外地十分重要。

因為「去參加那個活動吧」「去見那個人吧」，都是來自高次元存在的可行暗示。

我們的日常是由連續不斷的小決定組成的。請務必試著刻意相信自己的感覺，做出選擇並付諸行動。

事物順利進行、時機總是很好、陸續邁入下個階段……這種**運氣很好的人，都是相信自己直覺的人。**

選擇適合自己的路的最佳方法——認清刻畫於靈魂上的向量

基本上，我沒有跟任何人學過占卜或諮商，只是跟從自己原有的靈魂記憶，一頭鑽進有興趣或莫名被吸引的事物之中，不知不覺這些能力就活用在心靈能力諮商的工作了。

然而，當逐漸理解自己有興趣的東西後，又會出現新的道路。我就是隨著這種安排一路走到現在。

回顧過去，我發現這些事情都有共通點，就是自己的向量。

「你的目標是？」

「你的夢想是？」

被問到這些問題時，也許會因為規模過於龐大，一瞬間膽怯了起來。不過，請單純地試著蒐集自己覺得有興趣的事物，找出這些事有哪些特徵。

在你感到有興趣的事物中，一定存在著某些法則。

「身分認同」是指身體記得的東西。從更久以前，當你降生在現在的肉體之前，你的靈魂就一直擁有它們。

具體來說，我們能在還清楚保有前世記憶的孩童時期，或著迷的事物中找到線索。

你小時候是對什麼事情著迷的小孩呢？

案例①
從無經驗大翻身——為什麼她突然成為人氣服裝設計師？

我有兩個活動據點，一個是大自然豐沛的故鄉松山，曾是靈能者的祖母居住的地方、我鍾意的家。

另一個是位於東京代代木公園附近的第二個家，在我想大量接觸有如香料般刺激的新情報時，東京這個城市就是相當好玩的地方。兩個據點都有人抱著各種煩惱來訪。

諮商內容千奇百樣，像是神祕現象、疾病、工作、戀愛、結婚、經濟煩惱等各式各樣。我提供建議的方法，就是連結保護個案的高次元存在，聆聽祂想傳遞的訊息，再傳達給個案。

過去的經驗讓我明白，除靈或直接給提議，都只能暫時改善，不是正確的解決方法。

我深刻體驗到，指出最根本的問題所在、讓造成問題的本人察覺，才是最重要的。

現代人大多都沒有和本來能主動連結的高次元存在互通訊息。如果可以的話，希望每個人都能意識到肉體內在的靈魂，聆聽自己需要的訊息。

每個人都可以回想起，我們原本就有讓自己走向幸福的能力，同時解開它的封印。

將這個方法傳遞給各位，是我這輩子的功課（任務）之一。

某位來找我諮商的個案，是大家眼中所謂的家庭主婦，她跟她的好老公，還有聰明伶俐又可愛的小孩，三個人一起來訪，看起來完全不像遇到嚴重問題的家庭。她似乎把照顧自己的雙親及公婆，還有相夫教子，當作義務跟責任，但我感覺到的卻是：

「她明明有創造經濟的才華，放著不用太可惜了。」

因此我跟她說：「在妳前世記憶的片段中，我看到了法國、設計師、不對稱等關鍵字。」

接著她就像解開封印般，滔滔不絕地說出自己喜愛的東西。不知為何她從小就很喜歡法國，結婚前就去過好幾次，結婚後也為了設計朋友的舞台服裝，在法國長住過。

告訴我這些事時，她真的非常開心。

無論是誰，只要說起自己喜歡的事，自然每句話都會充滿熱情。這就是當前世與今生的印記相同時，會觸發的興奮狀態。

之後，我收到她的感謝函跟禮物。感謝函上寫著令人開心的消息：「我創立了自己的服裝品牌，重新裝潢家裡當工作室兼店面。」

現在，她的工作室成了她和創作夥伴聚會的沙龍，據說每天都很熱鬧。

支持她往喜歡的事物前進的，是她的家人。這輩子結成姻緣的老公，是與她往相同向量前進的人，所以一點都不嫉妒發揮才華、大放異采的老婆。

他由衷地支持太太的行動，當她的後援。

也因為有這份助力，她順利地將自認為「我的職責是支持家人」的想法——這個「頭腦」丟掉，順利與靈魂接軌。然後，察覺到自己本來的任務。

當你開始進行本來的任務時，上手的程度會令人吃驚、出乎預料。這是因為即使肉體本身從未經歷過，靈魂都還保有相關的記憶。也因為高次元存在總是毫不保留地在為我們加油。

靈光一閃立即行動——風象時代裡搭上順風車的方法

身在大自然之中，有時會對神木或石頭之類、從遠古就一直存在的事物湧起一股敬畏之心。光是接觸大自然就很感動，喚起我們原本就屬於這種存在的意識。

不需要什麼特殊能力，每個人都能藉由延續這個感覺，逐漸讀取守護自己的存在。

由於高次元存在不受時間與空間限制，只要我們想讀取，不管身在何處都能自由產生連結。若能讀取到高次元存在，就可以接收到各種訊息。

「去那裡。」

「學習這個吧。」

「去見這個人。」

這種訊息如同先前說過的，不會用明確的字句告訴你。如果像「叩叩，這是訊息」一般，具體告訴我們，就很好懂，但事不從人願。

最常出現的是突然出現的靈光一閃、好點子，或是偶然聽到別人的話語、隨意翻開的書頁內容、忽然看到路邊廣告的某句話，或是以自然現象的形式發生在身上。

高次元存在會讓某件事物或某個人當郵差，將訊息傳達給你。

「做了會怎樣？」別讓計算得失奪走人生的可能性

總之，**當你覺得事情有點不對勁的時候，不要懷疑這個直覺**。

我們在這種時候往往會陷入思考：「做了會怎樣？」或是「會有什麼好處？」

我在給他人建議時，會用「把『頭腦』丟掉」來形容這種狀況，不要讓計算得失扯自己的後腿。

高次元存在所做的安排，規模相當大，總是超乎我們的想像。因此，不要用我們人類自己的小算盤去盤算任何事。

風象時代的成功法則有點奇特，可是非常單純。

接收到暗示後，照暗示行動就好。

要毫不懷疑地行動。

光這麼做就能逐步開拓自己的未來。

「這是我要走的路」

會讓你的感受天線無條件反應的事物，都不可思議的類似。原因就在於，這些事物全都和你的任務有關。

肉體與靈魂的合作，就是現在的你。這樣的你去接觸各方面有興趣的事物，體內的根源會更加浮現，即靈魂不停追求的今世課題。這就像是用自然的方法跟前世交接。

交接的內容能在目前的工作中派上用場，也必定會帶你前往下個階段。

交接之後，你會像44頁介紹的女性般，開始同時進行「休養肉體的活動」與「追求靈魂任務」。我認為這才是中庸、陰陽調和，妥善取得平衡的狀態。

插曲③

我在美髮廳開始諮商的那一天——像被引導般找到的工作

父親在祖母住的斜對角蓋了間新房子。我也繼承且裝潢了這間房子，決定開設夢寐以求的美髮廳。

長期以來我封印住自己「看得見」的能力，一畢業就去當美髮師。我曾經在剪髮時告訴客人忽然看到的景象，並給他建議，結果大獲好評。口耳相傳後，逐漸有不少客人為了心靈諮商來找我剪頭髮。

因此，當上專業美髮師獨立出來開店後，熟客跟我說：「希望接下來也能請妳幫忙，所以請把心靈諮商列為收費的服務項目之一吧。」

於是，就變成我在松山的沙龍了。現在我的主要服務比起美髮，幾乎都是諮商。

那些從祖母那一代就有來往，現在也來店裡光顧的婆婆們曾經告訴我：

「妳啊，在做跟祖母一樣的事情呢。她工作的地方也是這裡。」

客人們會說著「來這裡就會恢復」「好像得到鼓勵了」「變得有精神」，並踏上歸途。

可能跟祖先們一直以來在做的事一樣吧。啊，原來是這樣，果然自己也要做這件事。

這就是我的任務。

一開始父親非常反對我的決定，認為我會因此折壽。

靈媒會將他人的邪氣暫時放入自己體內，淨化後使其升天。從小我就一直看著祖母的身體狀況，所以也知道。

將邪氣引入體內後，安撫祂、安慰祂，再請祂回歸上蒼。我知道纏上求助者的東西進入自己體內時，會發生人類智慧無法理解的恐怖現象。若非徹底鍛鍊讓自己變得很耐操的話，受到的傷害會非常嚴重。

過程中我也經歷、戰鬥過好幾次，不過又不是想當驅魔師，所以開始嘗試其他方法。

最後，我找到現在的做法：跟對方的靈魂，或是想守護並引導靈魂的存在溝通，再引導對方往對的方向前進。

靠當事人自己來驅邪，我只是扮演引導者。

為了不再吸引不好的東西，我協助對方增加心性（內心）頻率，調高內心聲音的音量，可以一下子去除不好的東西。

內心就像是一盞燈，有調光器。

只要把燈光調亮就好。如果對方身上有無法調亮的原因，就請他的靈魂或是守護靈魂的存在幫忙。

即使藉由驅魔儀式一時驅除邪靈，如果燈光仍舊昏暗，還是會像磁鐵一樣再度吸引不好的東西。

不過，我們原本就擅長跟自己的靈魂或看不見的存在說話、溝通，這種生活才是最自然的。

這樣的能力絕非特殊能力，而是我們每個人理所當然、原本就擁有的能力。僅此而已。

希望大家能回想起這個理所當然的能力。

我究竟能不能協助活在當下的人們找回這個能力呢？

有煩惱的時候，心裡會發生的有趣現象

我在接收高次元存在的訊息時，不是從耳朵聽到聲音，也幾乎不曾聽到「希望變這樣」「希望能被這樣鼓勵」之類的建言。如果你聽到這種建議，最好當成是自己的幻想。

相反的，當你接收到完全出乎預料、自己不可能會說的話、靈感或好點子，再想成「我跟祂同步了，我們相連了」較為恰當。這代表心性這個管道相當暢通，開通了與高次元存在之間相連的橋梁。

我們的靈魂站在主導地位，也跟高次元存在相連——

「這是你原本的任務喔。我會支持完成任務的你。」

像這樣達成收發訊息的狀態。

順帶一提，我們也有由野性或靈性主導的時候，通常會一直重複，邊猶豫邊上下變換順序，一路前進。

這個狀態會讓靈魂在螺旋梯上持續往上爬，藉此往祂的向量前進。

意識與肉體必為一組

在不同的宗教與文化中，就算稱呼不一樣，都有令人聯想「這些似乎在講述同一種感覺」的教義。

例如在佛教思想中，有所謂空與色的概念。我說的「野性」跟色、「靈性」跟空很類似。

意識跟肉體，精神與物質。被視為色的事物本來也屬於空，世上原本就不存在執著的事物，色即是空。

人藉由被色相操弄，去學習所謂的空。過程重複後轉換為動態，使靈魂開始轉動。在轉動的時候，會出現色與空並列，形成如數字8無限符號的瞬間。在那瞬間，我們的靈魂會感覺到讓靈性次元升級的提示。

靈魂成長的痛

人類討厭意外發生。

可是，**靈魂若要前往原本就要去的地方，體驗影響情緒的意外經驗是無可避免的重要經歷。**

被肉體欲望、負面情緒與執著等牽著走、遇到極大的痛苦——這是每個人都想避免的負面經驗，但也正是這時才能測試我們。

你能多順利地不受肉體影響，從上方客觀地觀察自己呢？

努力掙扎，想去俯瞰心裡那股野性本能時，以及成功做到這件事的瞬間，都會活化靈性。這些都是非常重要的時刻。

因此，遇到困難時，我會在心中想著：「好幸運！」接著想：「這個困難是要讓我看到什麼問題呢？」「要達成這個任務需要做哪些事？」

沒錯，我會開始冷靜思考。就算是痛苦的別離、悲傷的經驗，或是讓人生氣的事，都是要讓自己的靈魂跟肉體成長的重要工具。

實際上就是如此。

我們有時得向自己過去深愛或尊敬的人道別，這也是因為我們「正在前進」。

案例② 克服不想放棄的東西，從谷底重生的夫妻

個案的女性繼承丈夫雙親、也就是公婆打造的事業，努力經營。某天身體突然變得很糟，因此跑來找我諮商。

結果，這次諮商讓他們夫妻倆開拓了新的道路。對很多人來說是很有啟發的故事，所以決定介紹給大家。

從世上的角度來看，該女性無庸置疑是成功人士。大家都認為他們夫妻感情好，過著經濟富裕的生活，但是當事人訴說的情況，卻是非常嚴峻的現實。周圍人都以為他們很富有，但實際上事業近乎破產，經濟狀況相當刻苦。

會落得這種情況，都是因為公公在經營主業居酒屋的同時，毫無計畫地持續購買不動產。

這些不動產幾乎都變成龐大的債務，拖累他們的經濟狀況。簡單來說，

公婆在泡沫時期欠下的債務，落到了兒子夫妻的肩頭上。

此外，主業的居酒屋，經營狀況也因為跟不上時代變化，生意不像以前那麼熱絡，客人也漸漸不再光顧。

再怎麼工作，手邊也存不了任何錢，已經不知道到底是為了誰、為了什麼在工作……這個現實讓她的身體抗議了起來。

他們夫妻本來就很孝順，所以非常珍惜從雙親繼承來的一切，認為自己的職責就是要守護到底，絕對不能放棄。這對夫妻是誠實又認真勤勉的人。

可是，個案身體發出的求救訊號，毫無疑問是來自高次元存在的徵兆。

兩人正在試煉之中。

「時代潮流的變化，接受變化的覺悟。」

我浮現出這些想法。

某天，她跟先生一起來訪。我對坐在她身邊、無力得抬不起頭的先生，提出賣掉不動產與收掉居酒屋的建議。他們心裡一定相當煎熬、掙扎，最終還是下定了決心。

＊＊＊

過了一陣子，他們又來預約諮商，感到奇怪的我跟他們見面時，他們用跟以前截然不同的開朗笑臉，開心跟我報告近況。

在整理好老家的事業與不動產之後，先生開始做了點生意。他與生俱有的社交能力與才幹受到肯定，現在已經是當地有線電視公司購物頻道的負責人，逐漸嶄露頭角。他介紹的商品大受歡迎，壓倒性暢銷。

另一方面，妻子的身體也完全康復，變得很有精神。她發揮天生喜歡小孩的心，開始經營補習班。補習班的經營狀況也非常順利，身體跟經濟狀況都改善的她，看起來很幸福。

她笑著說：「錢包裡竟然有這麼多錢……要是以前我根本無法想像。」

接著表達對我的感謝：

「我們那天，在那時能夠下定決心行動真的太好了。其實心裡明白應該這麼做，但是決定要放棄現有的東西令人害怕。謝謝妳推了我們一把。」

＊＊＊

這對夫妻的遭遇絕對不是特殊案例，也不是特別情況。當眼前出現阻礙我們的障礙物時，就是最好的機會。

相信自己，往上爬就對了。只要過關就好。

過關的方法各式各樣，不過像這兩人一樣整理財產，或是轉業等切斷現有的緣分，揮別現有的形式也不少。

從零開始，就是種福氣。

從零開始前進。像這兩人一樣，會理解活著也能得到重生的機會。

不要把煩惱當壞人——眼前的困難一定有意義

大多數人會盡量避免麻煩，認為無災就是福，但絕對不是這麼一回事。

意外就是機會。

再強調一次，我總是這樣告訴客戶。

若要打比方，就像鞦韆跟單擺。因為往負面大幅擺動過一次，之後才能得到大量的幸福。

現代人大多小心謹慎、不惹風波，一心想「安全」「安定」地生活（這也沒辦法，土象時代就是這種控制型價值觀）。

不過在避開變化、追求安全的人生中，意味著靈魂也不曾經歷升級，所以也沒有能讓人成長的因素，難以感受到龐大的喜悅與幸福。

雖然不會不幸，但也稱不上幸福。每天重複同樣的事情，也會讓人感到無趣。無法想像比現在更美好的未來，內心某處感到茫然不安與停滯不前……

或許就是因為這樣，導致這種人變多。

不抵抗、不膽怯、不停滯

到頭來，煩惱只是靈魂成長所需的糧食，請不要忘記這點。再強調一次，持續選擇平坦或安全的道路，等於沒有成長。

你無法解決的問題不會出現在眼前，解決後的結果已安排好要帶你走向下一段發展。

就算過程不順利、得到不是自己想要的結果，意義大多藏在這段「掙扎的過程」中。過程中的收穫，會帶你往下個階段邁進。

除了不斷累積小小的遊戲破關經驗之外，沒有其他的前進方法。

好像是在說非常理所當然的事，總之別讓自己絕望而停下腳步。不要對每件事反應過度，也不要沉浸在虛假的不幸中。淡然地休息，調整身心，靠自己重新奮起，跟自己對話，接著行動，挑戰破關。

執行「理所當然的事」，在現代變成需要心志相當堅強的事。

雖然很容易被忽略，但是**每個經驗都沒有「好壞」**。它們都是因為你需要才出現的，它是高次元存在的安排，我們逃避不了。就算想逃或是想敷衍，它只會改變形態再來找你。

所以，要在「功課」的難度還算簡單時，耐心地去處理它。只要把這點記在腦中某個角落，不管遇到什麼情況都能冷靜應對。

人生是不斷的靈魂升級考試

我父親在唱片公司工作。他品味很好，音樂知識也很豐富，是非常時尚的人。

「往上爬（出人頭地）的話會有很多限制，當一般員工就好。」這是他的口頭禪，我還記得他總是一副瀟灑的模樣。這樣的父親竟然跌破眾人眼鏡，努力考取小額融資的證照，在當唱片公司員工的同時也從事金融業，他就是這種有點無厘頭的人。父親的生活方式，至今仍是我的憧憬。

父親也是個對心靈方面很敏感的人，但不曾表現出來，他感覺得到人生像是玩大富翁一樣，要快點找到靈魂的「終點」才行。

他一次也沒有要求我「去找個正職的安定生活」或「結婚生子才是女人的幸福」，跟從社會上所謂正確的路生活。

反而教導我要跟這種社會觀念保持距離，俯瞰並自由駕馭它，並在這個狀態下巧妙生活。他就是這種人。

有個小故事讓我強烈感覺到爸爸的教導是世界法則之一，想分享給大家。

突然遭遇的債務問題

個案跟勤勉的先生一起幸福生活。可是，某天兩人忽然遇到預料之外的問題。

先生在她不知情的狀況下，被捲入親戚的負債問題，還希望她可以幫忙還錢。或許是因為兩人的關係一直都很好，所以她受到的打擊更大，失去對先生的信任感，關係也開始惡化。原本笑聲連連的家庭，突然變得氣氛緊張。

還很年輕，沒堅強到能面對這種意外麻煩的她，覺得不能繼續下去。於是跑來找我諮商：「我已經無法相信先生，想要離婚。」

我問哭訴的她：

「妳已經討厭先生了嗎？」

接著她毫不猶豫地回答：「我不是討厭他。」

我對她說：

「如果妳已經討厭先生的話，我不會阻止妳離婚。可是，如果是為了錢的問題想離婚，這真的很可悲，最好重新考慮一下。」

之後，她說不出半句話來。

對她來說，金錢問題從頭到尾都是先生的問題，跟自己完全沒關係。

可是，為什麼她會陷入不得不置身於這個試煉的情況呢？她應該要思考這點才對。

「錢這種東西，只要避開一次就會追你一輩子。即使當時覺得順利躲開了，之後也會一直過著被錢追著跑的日子。所以這不只是妳先生的問題，也必須當成發生在自己身上的問題。現在，最好在傷口還不算深的時候好好解決它。」

她認同我的說法。結果不僅沒有離婚，之後還得到旁人的幫助。兩人合作無間，將所有債務都還完了。

逃過一次的試煉，之後還會再出現

話說回來，本來就不應該跟關係好的人借錢。如果要借對方錢，乾脆直接給他吧。尤其是請關係好的人當保證人，或是跟父母借錢之類，最好盡可能避免。

不過，最重要的是這段故事提到的，如何理解困難的態度。

「即使逃過一次試煉，在靠自己克服問題之前，它都會改變形式追著我們跑。所以，要好好地面對它、解決它。」

父親曾經這樣告訴我。這不限於跟錢有關的問題，在我們會遇到的所有試煉上都通用。眼前出現的狀況，全都有其意義。

誤會命運無法改變的你

之前提到靈魂永不滅，而且會一直帶著任務。

例如，精通醫療的人會繼續朝那個向量前進，靈魂的經歷也像這樣，從未改變過向量。

此外，即使換了一個肉體容器，靈魂前進的方向必定還是照著原本的向量走。

我們出生在這世上的時候，靈魂會自己選擇能讓向量成長的肉體。

像是把醫療當任務的人，會出生在醫師或藥劑師世家；任務為藝術或表演的人，會出生在藝人家庭或跟藝術有緣的環境等。

現代的團體或集團，是由肉體主題或次元相近的人所組成。

比方說人種、民族、某種社群、家族。

順便告訴大家，認為祖先或過世的家人會變成守護靈的習俗，是全世界都有的想法。所謂的守護靈，就是願意保護自己的高次元存在，祂不一定跟我們有血緣關係，請把祂想成是靈魂次元相近的人。

命運的橫線與宿命的直線

有「命運」跟「宿命」這兩個詞彙。

宿命，指的是自己無法改變、天生的事物。

舉例來說，最具代表性的就是生日，還有家人、性別、DNA等都屬於宿命。我們先將這個受宿命束縛的肉體稱為「直線」。

然後，有另一個名為命運的「橫線」。這是靈魂為了搬運性命的軸線，請當成是為了靈魂而開的道路。

靈魂會沿著橫線移動前進，時常和直線交錯。

靈魂會在十字路口（接合處），選擇這輩子想使用的容器（也就是肉體），接著搭車移動。

這樣一來，就能移動到更高的次元。

就算是家人也有合與不合

若選擇接近直線（宿命）的肉體，這輩子可能會出生在與宿命相近的地方。例如兄弟姊妹跟你，說不定是選擇相鄰的直線，所以才出生在同個家庭。

不過，即使選了相近的直線，也不知道橫線、就是所謂靈魂的向量是否接近。

沒緣分、也沒淵源的兩個肉體，很少出現關係相近的情況，大多都有某種緣分在。

可是，就算有血緣關係或是家人，從靈魂來看也不一定屬於同個群體。

如果對家人或親戚總感覺不對勁，或有種疏離感，覺得哀傷、生氣的話，也都是非常自然的情況。

沒辦法，因為靈魂不同。

不需要認為「因為是家人或親戚，所以要去理解他」或是「要彼此疼愛」，甚至不需要因為沒照父母的期望過活而感到愧疚。

靈魂會沿著「靈魂之路」逐步成長

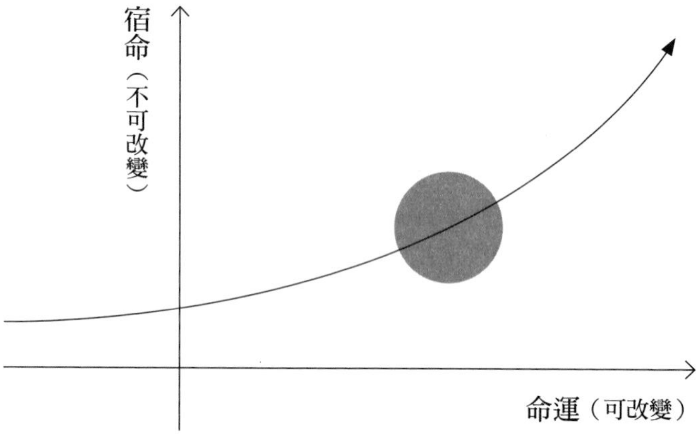

案例③

最了解自己的人是自己——遭雙親反對仍立志當漫畫家的青年

告訴各位一個現在正朝著漫畫家努力的青年的故事。

「我兒子沒去上大學。」

在兒子大學考試前曾來尋求建議的個案，眼神像在祈求般看著我。當時我看到的意象是，兒子的實力足以考上第一志願，可是因為極度緊張，需要多練習去習慣考試場合。

我建議這位媽媽：「為了減緩緊張，需要讓他習慣考試。請透過模擬考等方式讓他習慣一下吧。」結果大學考試還是考砸了。然而，兒子卻說不想去念考上的私立大學，所以就沒去上大學了。

重新看他現在的意象，我得知兩件事：一個是在考場中太過緊張，腦袋一片空白的模樣；另一個是他在筆記本拚命畫圖的模樣。他似乎很喜歡畫畫。因此，我對媽媽說：

「請跟您兒子說，把上大學想成為了畫出想畫的圖，在找創作素材就好。不用逼自己一定要去上課或是交朋友。」

＊＊＊

過了三年，接到那位媽媽久違打來的電話。她說照我說的告訴兒子之後，雖然斷斷續續，但兒子終於去上學了。現在兒子即將畢業，來到求職的階段。

「下次可以跟我兒子見個面嗎？」由於媽媽的請求，我跟那位青年見面了。第一次在面對面的狀態看到他的意象，我看到他的靈魂大喊：「我想成為漫畫家！」

因此我問他：

「你自己完全理解自己想做的事情吧?當然現在要實現夢想還需要很多準備跟努力。可是,如果真的想實現它,就只能往那個方向前進。」

他回說:

「可是,我爸爸反對……」

他父親是公務員,希望小孩跟自己一樣,選擇穩定的路走。所以,堅持要求他去一般公司上班。

「就算聽爸爸的話找到工作,你一定又會不想去上班,結果不就跟現在一樣嗎?逃離龐大的壓力,躲進自己的世界,不理會自己想做的事,這樣對你一點幫助都沒有。要鼓起勇氣面對自己,然後說服爸爸才行。」

之後他跟爸爸溝通,說出自己想做的事,但被爸爸用「如果有空去畫畫,還不如去考個證照!」推翻了他的想法。但他仍然選擇努力往自己期望的道路前進,開始有所行動。

＊＊＊

我支持這麼做的他。這世上所有人，都有靈魂的向量與根源。讓自己最耀眼的場所，以及應該前進的方向，都已經刻印在靈魂上。

究竟內容是什麼，只有靈魂知道。靈魂的根源不一定能和家人或親戚共享，就連雙親也不一定理解。

要靠自己去尋找、感受、掌握才行。

平均年齡、適齡期……從土象時代裡的「普遍」解脫

人這種生物無法照著某個人的指示，也不能在跟人的比較下生活。每個人都是獨一無二的個體。就算是家人，即使在同間公司上班，每個人的人生主題也不一樣。

不過，有些人總是被群體或所屬團體耍得團團轉，這種人大多出現在過去的時代。例如：

買了房子就要付房貸，一輩子都要住在那裡才行。

一定要在X歲前結婚。

絕對要當上正職員工讓生活安定。

從事某個職業後必定要持續三年。

換工作只能在X歲之前……諸如此類。

當然，如果你因為這些事感到興奮期待，或是跟著團體生活、日復一日的日常，能讓你感覺滿意或喜悅的話，也完全沒有問題。請帶著自信繼續生活下去。你的靈魂任務，一定在這些讓你感到興奮期待的日子中。

被團體意識戲弄得本末倒置

問題在於疲於團體生活或日常的人。現在這種人非常多，疲勞倦怠、身心瀕臨崩潰，最後的手段是來我這裡諮商。

假如你對現在的生活感到疲憊，或是產生懷疑的話，請問問自己：

「這裡是你即使傷害自己，也一定要繼續待的地方嗎？」

若身心疲憊實在太嚴重，或是身體出現問題，早上起床也不會因為即將開始一天感到喜悅的話，現在的生活可能不適合你。

現在的生活跟形態到底適不適合自己？

這問題或許有點棘手，不過一定要試著問自己一次。當然我也可以協助你，請身邊人幫忙也是非常美好的事。但是，只有你才能面對自己。

插曲④

心理失衡的人遽增——我不推薦只往返於家和公司的原因

在每天諮商的過程，深陷小恐慌而跑來找我的人變多了。

他們告訴我：

「我不敢一個人出門。」

「不安到無法去上班或上學。」

他們身上出現的症狀有很多共通點，像是肩膀跟脖子肌肉僵硬、常心悸、想吐、發抖、呼吸不順或呼吸困難、失眠等。

試著靈視之後，我發現他們每個人的第四脈輪，能量都變弱了。第四脈輪是掌管內心方面以及身體呼吸系統與循環系統的部分，若仔細解讀這個情況，代表「心不在焉」。

陷入這個狀態的人都有共通的傾向。

那就是：

・每天生活節奏都一樣，過著循規蹈矩的人生。

・不曾麻煩過別人，總是用心為明天做好準備。

如果只看這兩點，會覺得這種人是超級優等生或模範生。可是，內心失衡的原因就潛藏在這裡。

總體來說，因為太在意他人的評價或社會上的看法，無法從容地感受自己的情緒。甚至比起現在，更在乎獲得未來的安全保障，還當成人生中最重要的課題。

這些人不擅長應付變化，不習慣改變日常作息，所以容易變成只往返於公司與家的狀態。堅持這麼做的人很多。

就像自己挖出的溝渠比想像中更深，不小心就受困其中無法抽身的感覺。

我把這種狀態稱為「心癖」。

容易引起這種小恐慌的時機，是在新學期或部門異動、換工作或辭職等環境變化期。或是近來不可避免的自然災害尤其多，例如多次出現地震、洪水、流行病、糧食危機等。

也有不少人看到相關新聞後心生恐懼，因而陷入小恐慌。

收回遊蕩於過去或未來的心，固定在「現在此刻」是相當重要的。

要讓自己習慣這個感覺，最好能像實況轉播般，說出自己的行動跟想法。另外，試著做些伸展運動來增加身體柔軟度，或是在大自然培養玩心都有效果。

總之，不要把人生的操控權交給他人。

希望讀本書的你，無論如何要相信自己是跟高次元存在相連的人，所以絕對不會背叛自己。

你一定會帶自己走向幸福。
所以，需要日常的心理維修。

拿下標準化的有色眼鏡，就能看見獨創的路

本書開頭提到，風象時代是個人的時代。

完全不需要為沒辦法跟大家一樣而感到丟臉，或是心懷罪惡感、覺得低人一等。沒必要大家都在相同時間起床、用同樣的生活節奏一起行動，也不需要在通勤時間人擠人。

配合周遭的人、回應父母的期待、讓別人對自己有好感等外在動機下的行為，在接下來的時代會越來越不順利。

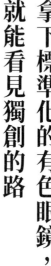

比起大家一起很有禮貌地維持「應該要這樣」的平均標準，不如清楚掌握自己的個性，以自己的想法規畫未來。這是最適合風象時代的方法。

說真的，我們人類原本就是這種生物，只是暫時忘記而已。

令人放心的是，這種潮流似乎開始興起，越來越多人試著擺脫一直以來千篇一律的生活方式。

現在，跟隨靈魂的聲音，開啟原創道路的人相當多。

比方說，在大都市工作學到知識與生意技巧的人，跑回老家經營只有幾坪大的小書店，或開始販賣有機栽培的蔬菜，跟在地人合作製造新商品、舉辦活動或工作坊等。

獨立舉辦活動的年輕人，在這十年內一口氣增加不少。

無論是花錢的方式、流通經濟的方法、共享價值的觀念等，即使規模不大也要靠自己打造有益的社群，絕對不交給他人。

看到這些人，感覺未來非常值得期待。

察覺限制自己的「看不見的規定」

經常有人來找我諮商關於職業或工作方式的煩惱。

「雖然有在找工作，但很難找到正職。」

「每天早上照規定上班跟同事見面，對這種事感到很痛苦。」諸如此類。

不過，強調職稱或形式，真的這麼重要嗎？

工作後獲得對等的報酬時，重要的不是「正職員工」這種職稱，也不是「每天去公司打卡上班然後回家」這種日常行事。

餵養自己的肉體，讓它滿意、心情好，往原本的目標向量前進。透過這個做法使自己不留遺憾，每天愉快地生活，才是我們活在這副肉體的意義所在。

能達到這個目的的方法，這幾年樣式變多了。在接下來的風象時代，選項只會越來越多，不只如此，會出現更多找到前所未有的做法的人。我對這樣的走向相當有自信。

案例④ 將自己的喜好當羅盤來開創人生的人變多了

【當背包客遊覽世上美麗海洋的旅人】

曾有個從法國來日本旅遊的背包客女生，她跟日本男友一起來我這裡諮商。記得諮商內容是「經痛很嚴重」。

我對她說：「妳太在意月經了，這只是以前嚴重經痛的記憶不斷重演而已。現在的問題不是這個，妳有點搞錯了。」之後，她再也不曾經痛過。

後來，我跟他們的關係也變得很好。

法國女生最喜歡海，她總是趁旅遊旺季，在法國的度假勝地工作，沒工作的時候就在世界各地當背包客旅遊。現在來到男友所在的日本，跑去沖繩本島、石垣島、與論島、屋久島、高知等坐擁美麗海景的地方玩。

如此深愛大海的她，似乎還想遊覽世上各個美麗的地方。

她為了玩耍才工作的生活方式，在我看來是非常自然的做法。更不用說，她看起來如此神采奕奕。

問她：「妳的最終目標是什麼？」她立刻回答我：

「開創無農藥的果樹農場。還有將辦活動專用的大型船，開到世界各地的度假勝地，做兜售夢想的工作！」

沒錯，她是笑著回答的。她聽取我的建議，克服了經痛。讓我深感接近大自然以真實的自己生活的人，對言語（言靈）的接受度也很高。

陪在她身旁的男友，也絲毫不遜色，是個充滿魅力的人。天生喜歡音樂的個性助他一臂之力，現在已經是當地頗有實力的活動總籌，也是舉辦各種活動的強者。最近預計在愛媛及高知縣鄰界開設「大人的遊樂場」（全新風格的活動會場）。

不在意社會上的想法，明確擁有自己獨創風格的人，他們將陸續湧現的點子一一實體化的能力不可小覷。

看著這些人，我實際感受到他們都很溫柔又可靠。這種人真的很多。

【全力玩耍才能做好工作！餐廳老闆夫妻】

在松山有間價格實惠，毫不保留又慷慨地讓客人吃到美食的餐廳「檸檬樓」。我回松山的時候每次都會去那裡用餐，帶外縣市的客人來吃也非常有面子。不管什麼時候去，一定能滿足我的期待。

這間店一直都是高朋滿座。

老闆的膚色曬得黝黑，一頭長髮搭配搖滾T恤，很像漫畫裡會出現的角色。夫妻倆的服務態度很有風格，在這裡不光能吃到美食，跟老闆夫妻對話也很開心。

這對夫妻冬天會去滑雪板、夏天玩風帆，現在則迷上了海釣。所以每次去光顧時冰桶都會變多。

他們曾經釣過跟人臉一樣大的白帶魚，還釣過像怪物一樣大隻的魷魚。釣來的漁獲總是立刻處理好拿到店裡賣，真的無比美味。兩人會在打烊後搭船出海釣魚，所以鮮度無可挑剔。

他們迷上釣魚的程度也非比尋常，從假餌到釣桿，全由自己手工打造，非常講究。

看著他們兩位，我強烈感受到認真追求玩樂極致的人，才能做出最棒的工作成果。

釣魚資歷尚淺的兩人，據說在釣友間的中魚率也最高，這結果很有趣。在開心工作的人身旁，必然會有人或魚（成果）聚集過來啊。

召喚真正想要的事物進入人生的方法

即使知道自己靈魂的向量在哪裡，光做到這點並不足以自由生活。

要先身處在無論經濟或精神上都能自立、養得起自己的狀態，才能打造自己的舞台。

換句話說，要打造不被他人干涉，完全自立的狀態。

這是非常重要的事。

一直以來你都是「父母舞台」上的一角，不管怎麼做，都必須接受某種程度上的干涉或限制，有時還要忍受不講理的情況。

這些過程都是靈魂的準備期。

無論是誰，一定會從這個狀態中獨立。

從父母的舞台畢業，踏上自己的舞台後，才終於能推開前往下一階段的門。

「好像一直都在相同的地方踏步……」

這時，你說不定還沒完全站上自己的舞台。

開始找尋自己的任務，安心地把自立當目標吧。

案例⑤

鋪好路的人生真的安全嗎？
出生於醫生世家的兄弟與母親

來我這裡諮商多年的顧客中，有位出生於醫生世家的女性。他們家世世代代經營醫院，是當地的名醫。

她的煩惱來源是兩個兒子。但在我看來，問題不在兒子身上，是她自己的煩惱。

簡單說明要點。她兩個兒子都順利成長，現在已經三十幾歲了。哥哥在上大學後搬去都市，畢業後自己創業，現在是獨當一面的經營人士。據說他的公司是ＩＴ企業，詳細我也不清楚。不知道詳情的原因，是因為哥哥跟媽媽的關係相當差，幾乎斷絕往來。

為什麼兩人的關係這麼冷冰冰呢？如果要我指出問題，原因都出在媽媽身上。她希望兒子能繼承家業，經營醫院，尤其盼望身為長男的哥哥來繼承。基本上可說是用強迫的方式，纏著想創業的哥哥，逼他改變自己。以耳朵聽到快長繭的頻率堅持要他「快回家繼承、快回家繼承」，忍耐到達極限的哥哥丟下一句：「我絕對不會再踏進這個家一步。」

之後就真的再也不曾回家。

身為母親的她，一心認為大學四年在外縣市讀書的兒子，畢業後會回到老家，跟她一起經營家裡的醫院。沒想到兒子出門上學後就不回來了，感覺兒子背叛了自己，心中滿是悲傷。

＊＊＊

可是，我覺得現在這樣很好。

哥哥在上大學前是個聽爸媽話行動的孩子，萌生自我的時期說不定還算晚了。

不過，升學離開父母身邊之後，或許是新的地方非常適合他，也可能是增廣見聞了，讓他發現父母為他鋪好的路，其實並不適合自己。

從那時候起，他開始尋找適合自己的方向，一步步鋪出自己要走的、獨創的路。轉變為能獨立自主的成人，順利離家，媽媽應該要為此感到驕傲才對。

＊＊＊

另一方面，我默默擔心弟弟。他跟哥哥不一樣，還沒擺脫父母的束縛。

弟弟聽從父母的話，好不容易考到當地大學的醫學院，也拿到了醫師執照，但是一直無法持久工作，變得極為頹廢無力，現在快變成家裡蹲的狀態。

這也無可厚非，因為他根本就不想當醫生。原本就沒興趣，還要從事責任重大又辛苦、長時間帶著責任感的工作，對他來說是多麼地殘酷。

而媽媽似乎單方面認為弟弟患有精神疾病。真要說起來，媽媽根本是擺錯重點了。她只要願意讓兒子自由放飛自我，弟弟的身心狀況一定會好轉。

因為讓兒子生病的，正是身為母親的當事人。

但是，這位女性心中關於「我是這麼認真在考慮兒子的事」的正義感相當強烈，很難反思到自身。

雖然每次見面我都會向她「說教」：

「在擔心兒子之前，先好好反省自己吧。」

明明知道我在說教，但她還是繼續來找我諮商，很不可思議。雖然沒有自覺，但說不定她才是最希望自己能改變的人。

孩子找到自己的舞台，走上自己的人生，對父母來說是有益的，因為能促使父母成長。無論形式為何，自立本身就是一種完美的孝順。

理解我們特意選擇「這副肉體」出生的意義

除了團體，還有名為「民族」的單位，比家族跟公司的範圍都大上許多。我平時就很重視「民族」或「原生」這兩個關鍵字，因為這些對靈魂來說都相當重要。接下來就來談談這部分吧。

先講清楚說明白，我認為民族跟國家、國籍和國境的概念不一樣，那些都是掌權者為了方便才冠上的東西。

出生後歸屬的民族跟地點，沒有優劣之分。

當然，民族與根源跟每個人息息相關，希望你能在思考自己根源的同時繼續往下讀。

民族是什麼？

如果問我「民族」是什麼，雖然只是種感覺，但我會解釋為寫在身體DNA的身分認同。

我將至今仍相當珍惜與大自然保有親近距離的人，稱為「原生人」（native）。

我常在放假的時候去琉球（沖繩）玩，也喜歡夏威夷跟峇里島。琉球、夏威夷、峇里島，這些地區若要說有什麼共通點，大概是都有數量豐富的水源與岩石，都是能稱為「聖地」的特別區域。實際上，這種地方經常是祈禱場所。

看到在祈禱場禱告的當地人，莊嚴的光景不時令我驚嘆。看到他們珍惜民族根源的模樣，不禁肅然起敬。

所以我是以跟大家「共存」的感覺，前往這些地方。

風象時代是「圓（相連）的時代」

要深知自己的根源。

了解得越深，內心越能認同我們就算彼此不同，也沒有優劣之分。只要永遠記得這點，在世界各地一定能找到彼此相連、共存的夥伴。常聽人說「（社會）斷層」，但事實上現在是「圓（相連）的時代」。

如同剛剛提到，我很重視自己的根源。在我居住的東京跟松山，在意自己根源的人很少。

或許沒特別在意，但是你選擇這副身體誕生於此，一定有它的意義或緣分。

據說在古代，我們是跟大自然融合、對話的民族，包括特別運用母音的言詞、發聲、祝詞、四季更迭、獻給自然循環的各種儀式在內的非語言交流。過去的我們，曾與靈魂世界自由互動。

之後，以資本為主的概念傳入，再加上「要儲蓄」的想法，讓我們產生對未來的不安。畢竟先前我們都在大自然中與自然和平相處，沒有人會擔心明年的狀況，對於時間的看法也和現在有些許不同。

只有現在、只有今天——不久前掀起過一陣正念和靜心的風潮。

可是，早在過去就已經出現將焦點放在現在的看法，它是極普遍的事。對生物的生活方式來說，這種想法是非常基礎的原則。

不安或擔心，只是在預測不存在的未來、從無法直視現實的地方逐漸膨脹空想的結果而已。

每晚我們都像做夢般經歷心靈體驗

原生人重視夢中出現的情境。以靈魂世界來解釋的話，據說夢連結著一條「靈線」，靈魂只有在我們睡著的時候，會沿著這條線回到故鄉。在故鄉看到的景象，就是夢的內容。

人們認為，每天起床時靈魂會從故鄉回到原本的地方，在心裡重演夢裡所看到的。

睡眠品質好的時候，人就可以回到故鄉。

睡眠又被稱為假死狀態，畢竟是靈魂離開肉體的狀態，所以的確能這樣稱呼。（可是現代人的睡眠品質大多不佳，應該很難回到故鄉……）

因此，在人們還能自然接收、傳遞靈魂訊息的時候，普遍相信夢裡看到的是未來的預言，或認為是現在的自己需要的提醒跟訊息。

現在會被笑是「迷信」的事，對古人來說卻是日常生活中的自然行為。這是我們不能無視的事實。

「做夢」這個詞，在現代用來形容無法實現的妄想，但這個詞的原意其實是指在睡覺期間學習。夢的字源據說來自「寢目」，指在睡覺時看到的景色。

「看到並相信眼睛看不見的事物」，你可能會覺得這是非常特殊的情形，跟自己無關。但是，絕大多數的人都在晚上做過夢。

看到並相信眼睛看不見的事物，就是這麼自然又普通的事。

我認為夢中預測的未來是否準確並沒有那麼重要，因為連我自己有時都很難判斷，夢裡看到的影像究竟是高次元存在給我的訊息，還是自己的願望？

再說，決定未來的是自己現在這一刻的行動，不是所謂的神明或高次元存在。

不過，我們要相信高次元存在給我們的加油與指引，安心認為所有遭遇都對自己有益，自信地度過每一天。這就是原始的心靈所在。

希望本書能成為大家找回心靈的一股助力。

直覺的技術——你根本不需要特殊能力

像這種不受時間與空間限制，與高次元存在互動的技術，原生人也格外珍惜，一路保存至今。

剛說明有關夢的事，不過，跟高次元存在連結的技術當然不只有夢。

例如很重要的「神話」。不只是日本神話，有很多民族原本就流傳著與開天闢地（創世）有關的傳統故事。

用神話及故事，流傳重要的靈魂記憶——

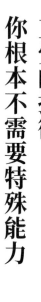

對我來說相當熟悉、立刻能舉例出來的，有美國原住民、因紐特人、澳洲原住民、愛奴人、琉球人等族群。

綜觀世界各地應該還有更多。無法流傳這種精神，導致快要失傳的文化圈也很多。

雖然這樣的精神在日本已式微，但確實仍留在我們體內。

比方說，追溯天皇家的祖先會追溯到神話。皇室中依舊悉心維護著古代流傳下來的祭祀儀式。

我認為這就是一種證據，證明日本人至今仍未遺忘重視「看不見的存在」的精神。

為何世界各地都有神話？

事實上，神話到現在還在流傳，這件事本身相當重要。當然，自古以來的祭祀儀式、活動、歌曲、繪畫、祈禱對象等，至今也還在流傳。如果沒有那些努力將傳統傳接到後世的人，也不可能流傳到我們手中。

其中，歌曲或祈禱詞特別重要。因為光靠言語無法傳達的內容，經常隱晦地藏在圖畫裡或歌曲中。這也是原生人的共通點。

只想靠語言傳達，會佚失一些重要的事。我覺得歌曲是最實際的繼承方法。

靈魂會帶去下個肉體的，只有跟經驗有關的記憶

有部短篇小說名為《自己的人生》，描述借用今生肉體的主角悲喜交加的故事。靈魂的成長是這部小說的主題。離開肉體，回到看不見的世界時，能帶走的只有跟經驗有關的記憶。

完成神明（高次元存在）派遣的多項任務的靈魂，可以得到的報酬是升級到更高的次元。

相反的，如果靈魂惰於管理肉體，讓它維持動物狀態——簡言之，沉

溺於自我保護、自我防衛、自我欲望跟執著過完一生，靈魂的結局會降級到次等的次元。這就是世界的規則。

「認為自己的東西是自己的，別人的東西也是自己的」「依賴他人，選擇輕鬆的路走」「擅長推卸責任，用盡心機保護自己」「嚴以待人，寬以律己」「以他人的不幸為開心」「把肉體回歸塵土當終點」……

說不定你身邊也有上述這些人。不用擔心，自作自受也是世界的規則。

所以就算發生不講理的狀況，只要認為是「那個人的問題」，完全切割就好。讓我們專心活出最棒的人生吧。

重新管理肉體之後，想像接手自己這一代DNA的後代（子孫）、想像靈魂移轉到下個肉體後的下輩子，活在當下。

不論是痛苦的時候，或遇到折磨自己的執著或習慣，將它改寫成一段好經驗吧。把這些經驗當成人生中得到的養分，當作記憶好好記錄下來。

來吧！盡情吃飯、盡情談戀愛，精力滿滿地以幸福的心情活在當下吧。

第二章

魂活的心態思維

把老舊的價值觀歸零

第一章解說了關於靈魂世界的起源與規矩。

第二章則說明將越顯老舊的土象時代價值觀歸零，結合日常生活與心靈活動，讓人生變得更開心又充實的方法。

說到心靈活動，說不定會以為是類似求神拜佛的事情，跟自己無關。

我想告訴各位，這是簡單的心態與實踐方法。

基本態度是養育野性，認真聽取靈性的聲音採取行動。

無論是工作或私生活，都創造靈魂會感到幸福的記憶，朝著畢業的目標努力吧。

心態♥基本①

魂活心態的基本是，徹底玩遍現在的身體

靈魂的壽命非常長，跟僅百年左右壽命的肉體不一樣。所以你現在用肉體活著的這輩子，就像是極短篇故事。

我總是用玩遍只有這副肉體才能體驗的氣魄，來過每一天。因為挑戰各種事情的速度是別人的三倍，在別人看來我似乎總是在忙些什麼。

舉例來說，我會去健身房，也會去健走，享受讓身體變結實的感覺。雖然現在已經沒在做，但曾經熱衷於皮拉提斯。

不只如此，體操、三線、編毛線等，至今我曾熱衷過很多事情。即使大部分會立刻生厭放棄，不過最近迷上了觀察位於東京市中心的名人豪宅。

「魂活」也不是什麼特別酷炫的事。完全不需要去做什麼很大規模的事，比方說嘗遍便利商店的甜點做排名，什麼都可以，只要有興趣，盡可能去挑戰。

即使我在這個身高只有一百五十公分的嬌小肉體容器中，也是好好地塑造自己的身體來控制體型，盡量挑戰喜歡的事情，享受過程。就像是從別的視角來操控自己這個虛擬人物般，有種在玩遊戲的感覺。

每個人都會迎來長眠之日，到那時再好好睡覺就好。現在，在擁有這副肉體的期間內，盡量享受到底吧！

希望大家都能明白這個概念。

人類幾乎都沒用到身體的機能

「人類只用到一小部分的大腦」，你聽過這個說法嗎？

各種研究提出許多假說，但在我看來，大部分的人的確沒用到身體原本的所有機能。

我也說過好幾次，因為管道阻塞，大家聽不見原本應該聽得到的靈魂聲音。

要恢復或重新回到原本的狀態，選擇對身體好的餐點、睡眠、生活方式是一種方法。第四章會介紹漫步靜心、新月斷食、接地等有效活動。

不過，整體上先重新整理自己的心態是最重要的。

肉體是暫時的容器，不要忘記靈魂真正的目的，就在肉體前進的不遠處。

心態♥基本②

大前提——不靠別人產生的奇蹟

「心靈」這個詞變得普遍，開始想學習看不見的世界的人變多了，這很棒。但是，我同時感覺誤解靈界的人也增加了。

尤其常見依賴某位諮商師或算命師，想立刻得到「解答」的狀況，例如「我會結婚（找到工作）嗎？」詢問未來會變得如何。

「正確解答」本來就不存在。未來是透過人的決定跟行動打造，所以不管哪位通靈者，都無法斷言未來「一定會變這樣」。

「只要嘗試這個方法一定會成功。」

「跟這個人商量一定會有解答。」

這種**依靠別人產生的奇蹟，基本上並不存在**。

風象時代重要的是，將一切交給靈魂判斷後採取行動，所有結果則聽天由命。**相信自己，變成一種強項**。

應該尊重習俗與傳統到何種程度？

「犯太歲的時候要去拜拜安太歲。」

「強殺期不能做搬家或換工作等重大決定。」

有時候這些習俗、習慣，講得就像是絕對要遵守的事項一樣。

當然，自古流傳的儀式或季節習慣藏著古人的智慧，的確很重要。不過，我認為不需要毫不思考地全盤接收。

每次有人來諮詢這類事項時，我都會反問：

「所以，你想怎麼做呢？」

換句話說，比起「這是規定」或「從以前就這樣」，希望你更重視自己的意志跟感覺。

與其猶豫要不要聽從習俗，或是照別人說的「這是規定所以一定要做ＯＯ」，相信自己的感覺，在想行動的時候行動，絕對會更順利。

對於先前舉例「犯太歲時要去安太歲嗎？」的疑問，我的回答如下：

當你感受到某種必然，或是正好到某個階段時，再去有緣的廟院，誠心誠意問候神明。這麼做就好。

擺脫框架，用適合自己的做法前進

無論是祭拜祖先或神明，這些儀式確實都含有某種商業要素。現在的神社或佛寺，如果不舉辦經濟活動，也就是召集「顧客」買賣做生意，就無法繼續經營下去。

因此，即使是歷史悠久的舊有習俗，不少也已淪為商業活動，單為信仰舉辦的比例大幅減少。我們必須判斷這些是不是自己需要的。

「習俗或規定一定要遵守」或「掌權者這麼說一定得做」，不要為此變得太神經質。

這也能套用在靈界。

不要被別人決定的事或世上的資訊，要得團團轉。

心態♥基本③

越珍貴越看不見的感覺更重要

與人相處時，我有件會特別留意的事。

不只是眼前對方的外貌、姿態或言行，交流時我會去想像他至今的經歷。

立體想像對方。我們生活的這輩子雖然是3D（立體）世界，但要加上時間軸，像在4D（超越時間空間的下個次元）的世界裡觀察。

例如，看表面覺得好像是不講理的人，但對方一定有為什麼這麼做的理由。相反的，看起來相當成熟穩重的人，在抵達目前的階段前，說不定有過很多艱苦。去想像每個人的經歷。

我喜歡去KTV唱歌，也會一個人去唱。

唱歌是我排毒的方式，也是呼吸法。吐出體內的毒素，效果跟打掃與高次元存在相通的管道一樣好。

有時候覺得歌唱跟寫書法非常類似。唱歌與書寫，兩者相當雷同。

剛唱出第一個音符時，會感覺已經跟下個音符所處的空間相連般，脫口將下個音符唱出來。以寫書法來說，像是垂直提筆，瞄準下個下筆點再累積力量，接著一下子釋放出去的感覺。

書法裡有「筆脈」的說法，用來形容提筆時的流暢之美。不只是磨墨跟蘸墨寫字的瞬間才是書法。

留白的那個人、那件事

也就是說，當無法視覺化的軌跡，或紙還沒沾到墨汁的留白部分，立體出現在眼前，才會引起注目。

不覺得這非常風象時代嗎？長久以來，大家都說重要的不是成果而是過程，但我們本來就看不見靈界，因為它是位於「間隔」之間的世界。

在黑與白、平面和立體、陰陽平衡彼此抵抗的過程，會創造出美好的結果。我覺得音樂跟文字，也是表面看起來2D（平面），但其實是3D或4D。我面對人類，也是從這種經驗和看法發展出來的。

越重要的事物越看不見，也沒有人會幫忙解釋。當然，也不能數據化。只能靠自己在實況中、在那個瞬間，以瞬間的體感去感受。

心態♥關於時差

階梯平台也是階梯的一部分——用小歇改變時運

在三次元的世界中，很多事只能靠時間來證明，幾乎都是現在還無法釐清的事。

可是，靠直覺就能很快釐清。只要處於靈魂優先的狀態，就能輕鬆聽到身體的聲音。

工作也會遇到即使沒有失誤或問題，但就是沒幹勁的時候。

接收到這個徵兆之後，暫時停下腳步休息吧。

「休止符也是一種音符」「樓梯平台也是樓梯的一部分」「保留也是時間的一種」；空白，留白，恰到好處。

給自己一段放鬆的時間，可以預防硬撐著做事時可能會出現的意外。請好好慰勞察覺到徵兆的自己。

這絕對不是偷懶。

「要走哪邊才好呢？」

像這樣悠然地處理。

請試著刻意幫內心騰出一些空隙，就像書法或歌曲的留白，是必然需要的東西。

有空隙才了解的事

察覺到靈魂有任務後，就去完成它。之後，便能直接收到來自高次元存在的加油聲。

就算如此，也不代表日常生活只會發生開心的事。小小的不順遂，不會消失。

可是，處理不順遂時的經驗，在日後派上用場的情況會變多，也會漸漸發現「啊，這時候需要那段經驗或情緒」。

然後，開始接受情況，明白這些都是來自高次元存在的禮物。

這時，每一天就不再是重複同樣的事，你能清楚感受人生所處的階段，正隨著自己的成長逐漸升級。

你會完全忘記對未來的茫然與不安。

心態♥關於豐足

人類是自願想幫忙的生物

「託您的福得救了。非常感謝您。」

別人對你說這句話時，有內心變得輕飄飄，被幸福包圍的感覺吧？當靈魂優先的時候，人就是會毫無所求地想幫助別人。

可是，在現實生活中，光靠志工活動無法生活。在與肉體共存的情況下，一定得負擔餐費、房租等費用。

所以，我們需要從事經濟活動。

就算如此，我認為也不需要回到以往土象時代資本主義的經濟形式。那該怎麼做才好呢？我的答案如下：

丟掉既有觀念，將腦中程式從物質連結法，重新改寫為精神連結法。過著靈魂跟身體都開心的富足生活，打造豐足的社群。

豐足的標準微妙得有趣。聚焦在「現在沒有的東西」上，會形成不滿足、欲望、競爭的心。這是過去土象時代資本主義的原動力。

相對的，聚焦在「現在擁有的東西」上，會興起滿足、愛與和諧的心。這正是風象時代需要的精髓。

當心態轉變為感謝現在擁有的東西時，自然會接收到很多「託你的福」「謝謝」等話語滋養內心，還能實際體驗帶給他人幸福，自己也會變幸福。

風象時代的豐足，是以這種看不見的內容為主流。重視物質豐足的土象時代價值觀，在今後可能會逐漸失去說服力。

心態♥關於比較

不是自我滿足就沒意義——土象時代的階梯是狹隘的單行道

「自我滿足」這句話常用在負面、形容自戀的情況，但我絲毫不覺得自我滿足是壞事，反倒認為它對生活在風象時代的我們來說，是絕對必要的狀態。

學歷、經歷、家中背景的雄厚程度、收入、公司與職稱、住處；人們的評價、交友關係、社群的按讚數、粉絲追蹤數之類，日常生活中衡量自

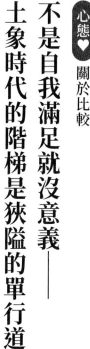

我價值的「指標」何其多。

拘束我們的許多指標，都是土象時代遺留下來的。古早時代的士農工商、封建社會，在土象時代建立的階級構造，是堅固且難以打破的觀念，至今仍影響著社會。

為此，我想提議：差不多該從某個人決定的輸贏擂台上下來了吧？

照著靈魂期望的向量（任務）前進，讓自己從靈魂深處感到滿足。先前也說過，這是透過肉體生活的終點所在。

能做到這件事的只有自己。若是倚靠某人的評價，或是站在某人決定的勝負擂台上，很難抵達原本的終點。

雖說時代潮流已改變，但是我們還有很多地方，仍受到土象時代建立的價值觀跟規矩束縛。

現在正是逐步理解多元生活方式與身分認同的過渡期，伴侶的定位、戀愛的方式、對性別的想法、對年齡與生活方式的刻板印象都逐漸開放。

如果至今還有束縛著自己的煩惱或框架，現在正是時候詢問靈魂：「留在這個狀態真的好嗎？還是想要擺脫它呢？」請務必認真捫心自問一次。以為絕對開不了的那扇門，說不定就意外地順利推開了。

心態♥關於工作

勞動的本質是等價交換——覺察自己的強項

追根究柢，人為什麼一定要工作呢？

這是為了餵飽野性（肉體），從事經濟活動才得以吃飯過活。

而餵飽自己的野性（肉體），也是這輩子的修行之一。

話說回來，等價交換是勞動基礎中的重要價值觀。

在以往的土象時代，做多少賺多少的固定做法是最普遍的勞動模式。

例如以公司職員或公務員等形態工作的人，這種感覺應該特別強烈。

可是，金錢這個東西，實際上只是一種量尺，無法拿來衡量勞動的價值或人的能力。

本來，勞動上的等價交換，不單指金錢的往來，也表示某個人以自己的專長，帶有敬意並公平地交換另一個人的專長。因此，交換「看不見的東西」，同樣包括在內。

真的有可能做自己喜歡的事生活嗎？

所謂「專長」，是指人的個性和靈魂的向量彼此吻合。

靈魂的向量也跟前世記憶有關。比方說，前世從事醫療救助工作的人，靈魂的向量大多和前世一樣與醫療助人相關。

有很多為工作煩惱的人，來我這裡諮商找工作或未來的方向，我的回答每次都很簡潔：

「去了解自己的長處！」

簡單來說，只要理解靈魂的向量，再將自己的專長，也就是手邊腳邊有的長處磨練一下，就能成為周遭人心中有價值的能力，讓別人開心。

透過相互提供彼此的專長，每個人都能自然且毫不勉強地等價交換。

風象時代的經濟活動，預計會逐漸變回這種單純的形式。

心態♥ 關於結婚

追求自己的幸福，伴侶也會變得幸福

基本上，結婚、戀愛或是伴侶關係，立場都是對等的，仍是以等價交換為基礎。所以，當夫妻或情侶之間，有家事、育兒或工作的負擔偏向某一邊的時候，對我來說都不算是問題。如果對現狀不滿，只要說出來溝通就好。

以我自己為例，先生比較擅長做家事，不管是燙衣服還是洗碗，他都喜歡做到無微不至。比起這些，我更擅長更換家中擺設，或藝術裝飾等範圍較大的事。

很久以前，父親曾到我家關心我們夫妻的生活。那時他看到先生搶先去做那些瑣碎的家事，似乎有些吃驚。畢竟在當時這種情況還相當少見。他問我先生：「為什麼是你在做家事？」先生坦蕩蕩地回答：「因為我比較擅長啊！」

我所說伴侶間的等價交換，就是這麼一回事。不需要為了當賢妻良母或家中支柱，做到無視自身擅長與否的地步，彼此交換專長，這樣就好。

別人怎麼想無所謂，如果這樣做能讓自己開心，在一起的伴侶或家人也會感到幸福。如此，家庭便能順利經營下去。

告別土象時代的主僕關係

來我這裡諮商「結婚」的人（尤其女性）很多，最常見的是像求職般尋找對象的人。

與其說想找對象，受限於「因為不找不行」的想法而開始行動的人較多，就像「在大公司工作一定會很穩定」的感覺。

在男女平等的時代，為什麼要倚賴對方的經濟能力？這根本不是愛，是算計跟計算吧。

我在目前為止的所有著作中都一律告訴大家，跟高次元存在連結的話，就能得到需要的資訊、財源、人與邂逅。所以，面對人生不再有不安或擔心等字眼出現。

比起參加聯誼派對或思考厲害的自我推銷內容，認真面對眼前讓你興奮不已的事、內心充實的人，一定更容易遇到好邂逅。因此我總是給非常純粹的建議：

「只要讓自己變得超開心，戀愛就會立刻開始了啦！」

只有這句話。

為此，要打造充實到自然想分享給別人的內心，不是枯竭的內心。

面對自己並充實自己，才是一切的起點。

心態♥ 關於人際關係

年齡根本不重要的唯一理由

我不太在意年齡。

不管對自己還是對別人。

我們常太過單純地認為，「因為同齡所以聊得來」或是「要拉低標準對待小孩」，不過實際情況並非如此。

沒錯，肉體年齡很難代表什麼。

靈魂有著像次元的因素，舉例來說，就像學校的年級或是前後輩的關係——差一點就能回鄉的靈魂，以及還要經歷好幾次肉體修行才能回鄉的靈魂。

根據靈魂的差異，旅程中累積的智慧量也不同。

肉體的實際年齡與靈魂年齡，兩者完全不同，經常出現肉體年齡比較年輕，靈魂卻是大前輩的情況。

因為有這個前提，所以我不受肉體年齡的概念局限。

「因為自己比對方年長」或是「已經X歲了就要表現出這年齡該有的樣子」之類的自律，對我而言根本毫無意義。

不管對方幾歲，自然對待就好，這麼做就能更順利地相互理解。我對待自己的方式也一樣。

只要自然地做自己，就能讓原本的自己開始閃耀，跟自己的關係也能更好。

這種從容自在，或許也是風象時代的特色之一。

擁有自己所缺的人都是「師傅」

不管是誰，只要擁有我沒有的專長，我都會認為他們是我的師傅。即使對方是個小孩，只要他知道我不知道的事、擁有我沒有的專長，都是「師傅」。

「師傅，請教導我！」

就是這種感覺。

如果你很難對別人產生興趣，或是不容易找到別人的優點，請務必思考「對方有而自己缺乏的東西是什麼？」

刻意找找看，仔細觀察。

接著，是不是會自然湧起想致敬對方的情緒呢？
反正都要交流了，請對方說出自己不知道的事一定比較划算。

心態♥關於緣分

不管有沒有緣分都沒關係

在42頁曾提到，我沒有跟任何人學過占卜；正確來講，只要知道有人會我不會的事物，我就會積極地請對方教我。

當然不是免費求教，我會用自己會的占卜來交換，也就是知識跟技術的交換。對方會的是祕法卡巴拉的話，我就用塔羅牌交換；占星術則用姓名分析的知識交換，諸如此類。

雙方舒服地拿出自己的「所有物」，以彼此認同的等價內容交易，互相認為對方是「師傅」。這種關係真的非常美好。

我認為平常就跟有這種想法的人相處，就能自然結下廣大的人脈關係。

而且，有可以交換的東西，意味著跟對方的價值觀相似。從靈魂的等級來看，彼此也是緣分相當深的人。

緣分斷了不是任何人的錯

相反的，原本頻率就不同的人，很難做到等價交換。感覺上就不合，就算暫時關係良好，日後也會出現某種不合拍的情況。

總之，品行相似的人，不需要特別努力也能維持緣分；反之，則會自然分開。另外，當靈魂升級時，個人的頻率也會改變，所以常有關係親密的人，緣分突然決裂的情況。

在這種時候，人際關係自然會有所變化。請將這些當作自己無法控制，不得已的事。

絲毫沒有必要為「一定要打好關係」或「朋友越多越好」這類的自以為是所困。只要盡情地做自己，就能自然牽起跟合拍的人之間的緣分。

案例⑥

放棄他人的理想後獲得的——努力結婚的四十歲女性

這是個案來找我諮商結婚的小故事。

這位女士當時約四十歲，是個從學生時代就開始創業，非常活躍又很有生意手腕的人。

因為是這種個性，跟異性邂逅的機會當然不少，不過講到結婚就是兩回事了。

所以她來找我諮商過好幾次，但每次看到她的意象，總是只看到同一位男性。一個待在她身邊，毫無保留愛著她的男性。

可是，最關鍵的本人卻完全沒發現對方的存在，一直看著其他地方。

某一次，我把看到的意象告訴她之後，她才聯想到某個人。

「的確，有個總是在附近為我加油打氣的人。可是那個人離過婚還有小孩，說實話，我從來沒有把他當作戀愛對象。」

對當事人來說，那位男性只是一個在身邊的粉絲。她沒結過婚，所以沒有想過對方可能會是自己的結婚對象。

不過，實際看過好幾次她的意象，都會看到那位男性，代表這位女士在意識某處，也發現了對方是重要的存在。

我告訴她，守護她的高次元存在希望她能跟他結婚。

過不久，他們真的決定結婚也懷孕了。現在很幸福地生活著。

＊＊＊

她在意識的某處，曾有「他不可能是伴侶」的煞車想法。

可能也有「因為自己沒結過婚，所以對方最好也沒結過婚」這種毫無根據又模糊不明的願望。

不知不覺被這些「自以為是」綁住，讓原本能順利進行的事變得曲折。

這時候，請讓自己暫時跟社會上認為的常識保持距離，注意內在，給自己相信直覺的機會。這樣做就能幫助自己「移除頭腦」了。

心態♥ 關於合拍程度

跟怎麼都合不來的人良好互動的方法

有時一定得跟不合的人見面相處，尤其在學校、職場、家人等關係中。

就算用４Ｄ角度去看對方，還是會覺得：

「完全無法接受！」

「受不了就是受不了！」

這時，請想想大家都是一起誕生在世上，學習自身不足的修行夥伴。

我身邊有很多值得尊敬的夥伴跟朋友，但沒有那種所有地方都很棒、令人無條件尊敬的人。

雖然偶爾看到帶著「神性」的幼兒或嬰兒，會令我不禁驚嘆，但首先，這個狀況不可能發生在成人身上。

因為達到這種等級的人，早已成為高次元存在，不會轉生為實體的人。

這樣一想，即使是不合的人，看到他的時候不會想要鼓勵或感謝對方的努力嗎？

「嘿，你也真的很努力了耶。」

「謝謝你為了我當壞人。」

藏在「還是很在意」背後的東西

就算這樣，「還是很在意！」

沒來由地覺得生疏、嫉妒或看不順眼……如果身邊有這種人，說不定他身上藏有你需要的「學習種子」。所以，也能想成對方是高次元存在派遣到你眼前的人生攻略「提示」。

在165頁，我會介紹自己被引導至石山寺的小故事。就像那個故事一樣，也許高次元存在運用「還是很在意！」的感覺，經由某個人讓你學習到某件事。然後神奇的是，學到該學的事後，你就不再在意那個人了。

達到這種狀態後，聰明地感謝並離開對方吧。

不是怨恨或執著，而是感謝，這是重點。這樣一來，你就能確實往比現在更高的等級前進。

心態♥ 關於行動力

以何種心情付諸行動會左右事情的發展

某天，兒子突然說想離開現在的公司，獨立做修理汽車的生意。接著說：「為了開店我需要找地點跟店面，妳可以幫我看我選的地方適不適合開修車店嗎？」

可是，他找的地點每個都是荒地，絲毫沒有會生意興隆的感覺。於是我開始思考為何會發生這種情況，問兒子：

「話說回來，你想創業的理由是什麼？因為想辭掉現在的工作？」

他回答：

「因為受不了現在的公司不合理的做法跟工作方式。」

但是，用這種想法創業是不可能會順利的。

想讓珍貴的客戶感受到何種價值？只有自己才做得到的商業風格又是什麼？

工作時最好能懷抱這種熱情跟夢想，逐步實現它。

我告訴他，要改掉「做生意是因為想辭職」的想法，好好思考自己為什麼要做這件事。之後，他給我看的地點都是能看出好前景的地方。

現在，他成為獨立又受近鄰喜愛的修車師傅，經濟狀況也足以讓一家四口衣食無虞。

開始做一件事的時候，最重要的是以哪種心態開始。不要忘記熱情、興奮，以及好奇心。

心態改變，吸引過來的東西自然也會改變。

心態♥關於心理

寫給容易感覺心裡無法負荷的人

最近開始會用「得心病」的說法，來形容精神不穩定的狀態。為什麼我們會感到委靡不振、內心疲累呢？在不安、內在壓力與外在壓力繁多的現代社會，該怎麼做才不會讓自己生病呢？

會得心病的人跟不會得心病的人，我認為兩者之間的不同在於，對事物看法的微小差異。

以我看來，會得心病的人，大多是比其他人更拚命、認真的人。

可以說他們「無法隨便」「沒有玩心」，也可以說他們對事物的反應選擇很少。

另一方面，不容易得心病的人，有種變換自如的印象。即使發生任何難以預料的事，他們也能說「算了！這樣也可以」「這個做法不行的話，就那樣做吧」，用彈性與多元選項來應對。

好奇心強、隨興趣生活的人，就算得心病也只是一時，真的就一瞬間。繼續煩惱與立刻放手接受，兩者大不相同。

放下心中包袱的方法

若發生得心病的狀況，我會像「咦？對不起，我做了什麼嗎?!」，立刻接受已發生的事實，再診療自己。

診療步驟如下：

【拋開負面事物的「自我診療」】

①身體或心態出現異常。

②回顧過去可能引發這個異常的歷程，找出不對勁的地方，看看有沒有多餘或是不自然的情況發生。

③暫停在恐懼心驚的地方，因為這裡有應該要改變的重點，心念：「對不起！」

④現在發生的異常會神奇地逐漸消失。

不管發生什麼，都把它當作過去的、沒辦法的事，不要太過鑽牛角尖。可是，為了不讓自己在同件事上跌倒，要冷靜地回想，同時除去造成這個狀況的原因。就跟身體不適、哪裡會痛的時候一樣，如果不改變生活習慣，找出根本原因，就算吃多少舒緩症狀的藥，也只會再次發生相同狀況。

案例⑦

殷切期盼的法國旅行……
出發前在機場發現忘記帶護照的我

即使是我，有時也會發生很誇張的蠢事。這是某次我規畫去法國旅遊的事。我跟朋友說好，他先去法國，我們在當地會合。結果前往成田機場時，才發現自己沒帶護照！無奈只能放棄旅遊，朋友也很傻眼。

但是，即使是這種時候，我也不會因此得心病。「嗯，也會發生這種情況嘛」，就是這樣。表面失敗的過程，其實意外藏有某個意義。就是要用這種悠閒，對悲觀的事一笑置之。

要經常問自己：「這次玩不到的話，下次玩什麼好咧？」無論什麼事都不要太認真看待，順其自然，下個出路就會自己出現。

心態♥ 關於意外

預料之外或計畫變動是為了察覺更珍貴的事

有時候某個預定行程，只是一個步驟，行程本身其實沒有意義，目的是為了讓你察覺更重要的事。

某天朋友告訴我：「在琵琶湖的沖島上有座神社，地底好像跟富士山相連耶。」對這件事有點興趣的我，為了實際確認就跑去滋賀縣。

可惜的是，雖然特意去了滋賀縣，但是沖島不如我的期待，並沒有跟富士山相連的感覺。儘管滿腔熱情被澆熄了一半，不過我告訴自己「每個人的感覺都不一樣」，準備離開沖島。

那時，突然想起最近常做的夢。

關於那個夢，我只想起位於琵琶湖南邊的位置資訊，還有「石」這個字的影像。雖然覺得是有某個意義的夢，不過也沒特別深究，只是記憶的斷片。

我想起這件事，所以查了一下，沒想到，附近有座名為石山寺的寺廟。看了照片，發現是座非常有規模的寺廟，還有像清水寺那樣的舞台。畢竟機會難得，便跑去參觀。

結果才剛到寺廟，立刻發生意想不到的現象。我心跳加速，眼淚一滴滴流下來，回想起「前世的我就是住在這裡」的記憶。

我看到自己在這間寺廟擦著走廊、躲在柱子間偷懶的模樣……或許是被派到這裡工作吧。

因為找到自己其中一個前世根源，從結果來看，我超級滿意這次的旅程！這是得到自己所需的人生零件，難以忘懷的經驗。

這時，我突然領悟了。琵琶湖的旅行不是為了要帶我去沖島，而是要帶我走向那座位於壯觀磐座（成為神體的大石頭）中的石山寺。

這座寺廟的深處有尊空海大師與咒術師役小角（編按：日本修驗道始祖）對望的雕像。我深受磐座跟修驗道吸引，原來是與根源有關。

只要接觸到磐座等釋出高周波能量的東西，與它共鳴，我就會變得很容易接收到靈感（來自高次元存在的訊息）。

我會知道這件事，也是因為這種旅行經驗很多。不過，這也是為了讓自己承接前世的記憶，活用在今生的任務上才有所引導的吧。

自行調查並思考「前方有什麼？」

守護自己的高次元存在，會以這種看起來很迂迴的做法，引導我們走向該去的地方。

每個人有興趣的事都不同，有人一講到錢就會突然很有幹勁，也有人在關於戀愛的事上才會認真。

高次元存在會在配合人的興趣或在意的事，修正提示方法的同時，邊丟問題給我們。

讓那個人去行動的訊息、突然的想法或靈感，就會在這過程中出現。

以我來說，朋友偶然告訴我「跟富士山的關係」，正是會激起我興趣的內容，也順利帶我抵達那個地方。如果只是做夢的話，說不定很難推敲到石山寺。

當你想到「咦？為什麼會這樣？」「為什麼我來到這裡？」的時候，
請暫時停下腳步，思考看看，前方是不是有其他該做的事？

第三章

魂活練習

開始行動，改善循環

這章介紹的是練習，
也就是在日常生活中實踐魂活。
以金錢、飲食、社群、人際關係及健康等社會關係的經營與開端作為主題，介紹使靈魂更活躍、讓循環更順暢的提示。
並以至今介紹的規則與想法作為基礎，整理出貼近生活的魂活實踐方法。
請從有興趣的主題開始閱讀吧。

練習♥ 關於金錢

存放現金換取安心的錯覺

「通過＝通貨」，我經常講這句話。

金錢絕對不是用來存放，原本就是拿來流通的。

話說，金錢到底是什麼呢？經濟的起點是以物易物，從物品交換開始。

以前人們將各自創造出來的逸品，或各國家地區的特產拿來交換。接著，因為交易區域逐漸擴大，才訂定共通的價值標準，發展出貨幣，當作交易的替代方案。

當時的金錢，方便又輕鬆攜帶，也不會腐壞，就是一種「便利小物」。

在這個逐漸無鈔化的時代，日本政府預計在二〇二四年全面更新各類紙幣。簡單來說，設下期限讓大家把舊鈔換新鈔，表面上說要防止偽鈔，但這理由不大能讓人接受。

不過，如果想成政府想掌握民間有多少未動的錢財，且想把錢財帶回市場流通的話，就能理解政策背後的想法。

為了買到未來的安心感，方便保存的金錢總算出現消費期限了。風象時代的經濟活動，可能會逐漸變回原本的模式。

換句話說，只要恢復貨幣原本的功能，讓它回到市場流通就好。

練習♥　關於投資

為別人加油能讓自己變得更富有?!
活用金錢原有的能量

曾經在金融機構融資過的人應該知道，融資時的審查標準，最優先重視的是公司跟年收。比起為什麼要融資，更優先考量的是這種數據資料。

我以前對此感到不可思議。不重視融資理由或本人的熱情程度，實在太奇怪了。

不過關於這點，爸爸曾經告訴我：

「能夠連本帶利還回來的，只有有把握以錢滾錢的人。為錢所困的人去借錢，只會更缺錢。」

這段話讓我認同這種做法。

可是，在變化激烈、沒有正確解答的風象時代，我不覺得這種制度適合這個時代。

在這世界上，有很多優秀的點子還沒被發掘。有很多人想到很棒的點子，就算想執行也因為籌措資金而頭痛不已，因為金融機構不理睬當事人的幹勁、人品跟熱情。

過去的數據資料、數字化後的收入……這種土象時代的遺物，可以當作信用評分對象；而用熱情訴說沒有實績的未來藍圖，只會被當成不切實際、一笑置之不被理睬。

要打破現況，該怎麼做才好？

實現大多數人夢想的制度

古早以前，有一種由興趣相投的人組成的團體，或是向量相同的人彼此認同、出資贊助的制度，稱為「標會」。

最近也有類似現代版標會的制度問世了。

沒錯，就是「群眾募資」。只要利用這個制度，大多數人都能實現夢想。

這種制度是把手邊多出來的錢，託付給自己想支持的人，而不是放在金融機構。

我確信把多餘的錢運用在跟他人分享自己認為「很棒！」的價值觀上，必定能讓豐足的能量在這世上循環。

從父母到小孩、祖父母到孫子，自古家人間自然出現的經濟循環系統，在風象時代的適用對象會逐漸擴大。

若大家都能共享價值觀跟金錢，以相互分享的心成立的社群，才算大功告成。這樣一來，通貨也會找回原本的能量，有活力地為人所用。

我有時也會出資贊助已成年的孩子們。相信比起沉睡不動，金錢本身更喜歡為人派上用場。

但是，我一定會要求孩子寫好還款計畫，請他們每個月按時還款，目前還沒遇到逾期未還的情況。這才是真正的信用評分標準。當然，我是無息貸款。

目前已知，**若能讓金錢本身原有的能量開始循環，會直接活化自己本身的經濟狀況。越是支持他人，自己也會變得越來越富足。**

看到支持的人成功，像自己成功般感到開心。只要相互分享、相互給予、相互聯繫的社群，就能在各處開枝散葉，身體、內心與靈魂都會非常高興。

練習♥ 關於經濟

有施有得是世間的法則

金錢是個要讓它流通，不要留在手上的東西。

要讓金錢原有的能量循環，就要盡量將錢用在自己覺得很棒的事物上，讓價值得以流通。這是經濟或金錢的基本原則。

究竟優良的事物跟有價值的事物是什麼呢？

雖然有「貴、便宜」的說法，但我認為價值不能只靠價格判斷。

例如在某個地方，人們活用當地的氣候風土，細心種植出農作物。不使用農藥種出一般常見的農作物相當不簡單，說不定很耗工也很燒錢。

即使如此，這些喜歡種菜的農人，仍希望將好吃又有營養的東西送到人們手上。所以，如果能直接跟這些農人買菜，就算價格貴一點也覺得無所謂的人，應該不少吧？

近年來「花錢買好東西」的想法開始生根發芽，這是極自然的發展。開始參加這種經濟活動，就能搭上好的能量流。不可思議的是，在這過程中，好價值也會流向自己。

並不是說量產的東西不好，不過在自己足以負責判斷的小社群中，尋找能信賴的物品或人，一定能遇到適合你的好事物。自然打造出價值觀相同的人相互支持的結構。

可以無視土象時代的風險？

另一個有關金錢的重要觀念，就是金錢不是某個人的所有物，是整體社會的共有財產。

所以，請抱持金錢是大家共享的東西的感覺。

若有人把錢存放在自己手上，使錢停滯的話，大家能共享的總價值就會比原本流通時更少。對造成停滯的人來說，價值停滯會成為負面因果回到自己身上。

相反的，假設A提供B某價值，雖然B沒有給A任何回報，不過有時候，會出現來自某處的C提供A另一價值，內容等同於A提供給B的價值。

某種意義上，金錢跟價值這種東西，只要用在好的人事物身上，彼此分享，大家就會變得幸福。互相分享好價值，這就是基本原則。

為了營造最適合生活的環境，不如重新審視跟錢有關的活動吧。

練習♥ 關於夥伴

跟頻率相近的人合力的超級效果

即使明白結果跟價值不會立刻回到自己身上，但除非身處於值得信賴的環境，否則便會因不安而無法流通經濟。為了在共同體和社群中讓價值順利循環，一起活動的人彼此的價值觀必須相同。

近年曾有段時期，摸索非貨幣經濟的行動或小社群，成為某種熱門的關鍵字。

可是，過程中開始失衡。當出現某人虧損的氣氛，社群的流動就會變差，最後只能崩解。妥善運用金錢能量的重要第一步，就是觀察自己重視的價值。

要抱持「我想在這個地方，跟這群人一起流通這個價值」的強烈意志。

我也在老家規畫「四國淨化之旅」的企畫，包含松山有趣的景點及好東西的推薦觀光路線。

我超愛家鄉，希望能讓更多人知道松山的魅力，可以的話也希望它能成為入門推薦，讓外縣市的人來這裡可以照著這個路線走。現在還處於跟好友一起討論「能做到這樣就好了」的階段，但點子源源不絕。

例如酵素沐浴、芭樂葉茶、針灸，我們還有個會畫特殊「靈映畫」的夥伴，也想在路線中安排工作坊，讓大家有機會接觸篠笛或太鼓等音樂。

有一起關注價值，並讓它循環的夥伴在身邊，光是這樣就能充滿力量又興奮，每天都會變得更開心。

案例⑧

你會選擇哪些人在身邊呢？靈魂基礎是音樂的女老闆

這是在某個城市經營酒吧的女老闆，來找我諮商時的故事。

我開始靈視她前世的意象。

眼前出現像童話故事那種美麗的街景。

後來發現似乎是捷克首都布拉格以前的景象。畫面裡有個在布拉格音樂學院上課的青年，他非常有熱誠地在學習鋼琴，但是因為某個理由，他不得不中途休學。他家境富裕，家裡全力支持他學習鋼琴，所以看到他放棄學琴後，家人感到非常可惜的樣子讓我印象深刻。

我把這個意象告訴她之後，她驚訝地告訴我：

「什麼！其實我年輕的時候曾經到布拉格的音樂學院學習鋼琴。」

仔細問才知道，她堅持在酒吧放鋼琴，由身為老闆的自己演奏，也是店裡獨特的待客服務。

另外，進口與販賣紅酒等副業也順利發展。即使Covid-19來襲，酒吧生意持續下滑，她還是靠著生意手腕守住了所有員工。

經營各種事業的她，一直都有著「音樂的品格」。無論是服裝或待人處事，她總是很高雅，給人井然有序的印象。

＊＊＊

話雖如此，疫情引發許多狀況，還是有不少在酒吧工作的女公關或工作人員辭職。有趣的是，留在酒吧裡的人，不可思議的都是音樂上的夥伴。喜歡演奏樂器、聽音樂表演，有音樂共通點的人，到現在還繼續在酒吧工作。

而且，聽說新進的工作人員也都是喜歡音樂的人，這讓我很驚訝。她笑著說絕對不是刻意選用這些人，但也不知道為什麼會這樣。

透過追尋靈魂基礎的任務來抓緊自身的成功，這做法在接下來的時代會變得更加明顯。

而且，這是有共鳴的人互相吸引，一起活動的時代。

工作上不再如土象時代般，只存在付薪水跟拿薪水的關係。為了跟有共鳴的夥伴相遇，重要的是去感受從前世開始促使我們行動的內容，同時付諸行動。

練習♥ 關於語言

達到良好溝通的最後關鍵

「那個人最近還好嗎？」

當出現這個想法時，真的會在路上與那個人相遇，或是從傳聞中聽到有關他的近況。不知道大家有沒有過這種經驗？

這種情況時常發生在我身上。喔不，應該說，只要我想到某個人，對方一定會聯絡我，透過電話、電子郵件或社群網站留言等，非常具體又現實的聯絡方法。

「那個人最近還好嗎？」

「是不是很有精神又幸福地生活呢？」

無意間想起的，跟祈禱很接近。因為是有益於他人的想法，才會像心電感應般傳送過來。

像 LINE 或電子郵件那樣，非常迅速又直接。

或許跟工作有關，畢竟我平常跟高次元存在頻繁溝通，所以才容易發生這種現象……

不知道你有沒有想過，靈魂如果能像心電感應一樣，不須任何語言便能彼此溝通就好了。不但不會造成誤解，溝通起來還很輕鬆。

仔細想想，地球上的所有生物，只有人類需要特意用語言來對話，很不可思議。

語言有時會產生溝通上的隔閡，還會成為糾紛的原因，為什麼只有人類要特意使用語言這項很難處理的工具呢？關於這件事，我將從靈界的觀點來說明。

我們需要語言的理由

使用聲音的行為，代表藉由空間內的空氣振動，傳播到對方的聽覺。雖然傳達的大多是文字的意義，但字音本身有音靈。聲波可以透過振動人心使人恐懼，也可以給人安心感，有時還會令人深深感動。

如果是兩人對話，聲音的能量互相來往，振動彼此的空氣。「傳聲」給對方，感覺跟「碰觸」很接近，可以幫助身處不同次元的靈魂，更直接的交換資訊。

145頁提到，肉體的實際年齡跟靈魂年齡有時完全不同。靈魂年齡不同，代表累積的智慧量不同，想法便很難互通。所以，才需要透過語言傳達。

不須勉強用語言傳達，也能互相理解的關係雖然很棒，不過透過語言互通，彼此才終於理解的關係也不錯，能確實使靈魂成長。

不用擔心自己嘴巴笨，請務必以輕輕碰觸眼前重要的人的心，將語言說出口、傳達給對方。

練習♥關於飲食

引起食欲的美食、甜點……真的是你想要的嗎？

我一天只吃一餐，幾乎都是外食。偶爾會因為看了《昨日的美食》這部日劇，忽然有所啟發而自炊。

外食的原因，不外乎煮一人份的話食材用不完，或是只想吃新鮮且適量的東西。除了一天一次的正餐之外，我早上還會喝蔬果昔。

有時候會吃一點零嘴，也會跟朋友一起開心用餐，但基本上都是一天享用一次美味的正餐。

一天一餐，常被說吃很少，但我不這麼覺得。我能理解以前每天清晨就要開始體力勞動的時代，或是從事大量消耗體力工作的人，需要一天吃三餐。

可是，平常坐在辦公室工作或在室內做服務業的人，如果照現在提倡的熱量進食，一天三餐已是營養過剩，說不定還會有害身體。

經常莫名感到身體不適、無法早起或容易發呆的人，請務必拋開既有的觀念，調整自己的進食量。

脫離土象時代的自以為是

「吃得少才有力。」

我親身體驗過這句話。

我每年新年都會到香川縣的金比羅宮參拜。金比羅宮以有一千三百六十八階石梯聞名。

當然，來這裡參拜的目的之一是要問候神明，不過，我的另一個目的是利用這長長的階梯確認自己的狀態，到底要花幾分鐘才能爬完樓梯？途中會上氣不接下氣嗎？需要中途休息嗎？

確認這些事是我每年一定要做的事。

某年底，我因為身體嚴重不適而倒下，躺在床上四、五天，除了喝水什麼都沒吃。身體痊癒時，已經是除夕了。

當我被跨年的鐘聲吵醒，就像從假死狀態突然甦醒般興奮。

雖然才剛痊癒，還是決定照常到金比羅宮新年參拜。以討厭醫院出名的我，那時認真想著：「如果爬不完樓梯就去醫院。」

沒想到，我竟然以自己史上最快紀錄爬完樓梯！家人跟我都非常驚訝。

大概是那幾天幾乎處於絕食狀態，對恢復身體來說是絕佳情況。爬樓梯的時候，我感覺身體非常輕盈。而且，就連自己都訝異這麼有精神，身體變得很靈活。

後來才知道，進食時的消化會消耗很多能量，意外造成身體負擔。在此經歷前，我總是沒多想地認為「吃東西是種養生」「越不舒服的時候越要吃東西」，但現在了解，有時候也需要選擇「不吃東西」。

常聽到「食物都要吃完不然太浪費」的說法，這其實也是土象時代的遺物。

每個人所需的進食量不盡相同。每個人都有適合自己的食量，即使是同一個人，需要的食量也會因為健康狀態、運動量、年齡，或當天身體狀況而不同。

所以，當吃到不再覺得奇怪的量之後，刻意規定自己不吃超過，是非常重要的決定。

我絕對不是建議大家浪費食物，只不過，現在確實越來越多人不了解進食。

不受過去的習慣或別人說的話影響，仔細聆聽來自身體的聲音，減少攝取量，找出自己真正需要的量。如此簡單的事，就能讓你不再勤跑醫院和賣力減重。

練習♥關於營養

比起進食更提倡補給

有時候，我想吃的東西會突然出現在腦裡，不過大多不是料理，而是食材本身。

例如，突然想吃當季的根莖類蔬菜或紫高麗菜等，食材的影像會具體浮現在腦海中。這些食材中，可能有身體當下需要的營養素。

過去跟靈魂相通的人們，吃的或許都是粗食（編按：未經加工處理的食物），所以原本就不需要依靠食物來滿足自己。他們比身處飽食時代的我們，更能清楚聽到身體的聲音。

現在只要看到網路廣告或電視廣告，接收到「好像很好吃」的資訊，即使身體沒有需求，還是會忍不住被食欲或衝動的假象煽動。

請盡可能避免無意間「視吃」的行為。

為此，可以試著決定好一天中不碰手機的時間，或是不看電視廣告。

進食更像是補給。問身體需要哪些營養再攝取，在日常是件好事。

我家與眾不同的食育

我家沒有全家聚在一起吃三餐的習慣。父親對進食這件事的想法如下。

單純「因為是早上」或「因為是晚上」，並不能構成進食的理由。

各自在需要的時間點，吃自己需要的量就好。

所以，我家總是在桌上放著一大盤食物，家人依照自己想吃的時間，用小盤子裝需要的量食用。

我小時候是食量很小的孩子，父親也曾經擔心。

「強逼她吃的話，也許會讓她開始討厭進食。討厭吃東西是最讓人煩惱的。」

變得討厭進食，就無法滋養生命力。所以，父親才想出在想吃的時候吃的點子。

父親的想法在當時也算有點奇特。但在風象時代的現在，應該很多人能理解吧。

當然，食欲本身絕不是壞事。吃好吃的東西是件非常美好、也是魂活必備的事。

不過，也有被食欲掌控，有時減重、有時生病的人。明明身體已經告訴你「我很飽了」，食欲還是停不下來。

很多為此煩惱的人來找我諮商。

遇到這種情況，必須重設食欲。具體做法將在233頁介紹（新月斷食）。

練習♥關於身體

我們的肉體是宇宙的縮影

之前說過身體是靈魂挑選的容器，是一種運輸工具，讓靈魂得以走到應該前往的場所。維持野性的健康，我們才能聽到靈魂的聲音，更順利地往向量邁進。

話說回來，生為男性或女性，跟靈魂的向量毫無關係。追溯靈魂記憶後，我發現在重複的轉世輪迴之中，幾乎所有人都經歷過男與女的兩種人生。

東方醫學等領域也將女稱為「陰」，男稱為「陽」，陰陽雙方取得平衡才能構成一副肉體。雖然因為某個原因，讓我們以其中一種形態出生，不過我們原本都是相同的。

我這次肉體恰巧生為女性，雖然很笨拙，仍好好地做到身為女兒、妻子、媳婦、媽媽、婆婆、祖母等不熟悉的角色。可是，在我的前世記憶中，心理男性非常強烈。現在也是突然放鬆的話，心理男性的感覺會比較突出。

身負這種障礙還得完成課題，因為這是掌管身體所需要的工具。

接下來從靈界的觀點來說明人類的身體。

我們身體的正中心，有挺直貫穿的脊椎骨，左邊是陰，主掌心理女性；右邊是陽，主掌心理男性。請把心理男性想像成由後往前迴轉的能量，心理女性是由前往後迴轉的能量。

阿育吠陀、瑜伽、西藏療養等世上各式各樣的思想中，只有這種能量的想法是共通的，實在饒富興趣。

人的身體，也稱為宇宙的縮影。

如果地球是脊椎，月亮跟太陽會繞在它周圍。也許描寫宇宙模樣的，就是人類的身體。月亮掌管陰，太陽掌管陽的能量，所以心理男性跟心理女性為一組，在宇宙這副身體中循環。

練習♥ 關於安定感

成為態度堅定且聞風不動的自己

我們人類是宇宙中一顆粒子都不及的存在。然而人經常生活於陰陽、剛柔、動靜、天地、生死等兩極對立之中。

所以我們時常處於搖擺不定的狀況：不穩地搖晃、失去自信、無法動彈、不知道自己需要什麼，或陷入混亂。這其實都很理所當然。

為了避免陷入這種狀況，要像總在正中央筆直伸展的脊椎般取得平衡，像是站在對抗著不同振動的中心。

這不僅適用於身體，也適用於心理。

如孩童般的身體，以中庸為目標

柔軟、動感、中性，請想像天真孩子的狀態。

這樣，就可以處理內心的心理男性與心理女性，也能整合其他眾多的兩極案件（相反事例）。

心靜如水的狀態會持續，不再擺盪，能在躍動的同時仍保持靜寂。

請努力成為高速迴轉卻感受不到絲毫動靜的新幹線。

重點在於，讓自己的心有彈性，不忘玩心，使身體經常保持活動狀態。

風象時代是變化激烈，沒有正確解答的時代。因此，今後我們會越來越需要時常維持動態，找到自己的答案。請務必留意在這種時候能派上用場的身體。

練習♥關於速度

意識跟身體不會固定在一點

睡著的小孩比醒著的小孩還要重。

抱過小孩的人，一定都曾實際體驗過而點頭贊同。這是因為活動的細胞比較輕。

第一章提過靈性與野性的領域，會各自輪替控制人類。

靈性優先時，就像沒意識到自己有肉體般輕盈。彷彿走進水中，非常輕鬆舒服。只要理解「啊！就是這種感覺」，會讓人上癮到想一直都在這個狀態。進入這種狀態的方法，最為人知的就是靜心。靜心後進入無重力狀態，就是這種感覺。另外，不光是靜心，極度專心在某件事時，也會進入這個狀態。

有些運動選手會以「進入無我境界」，來表達自己進入無重力狀態。不光是嚴苛的修行家或運動選手，很多人都有專心在某件事上的經驗。習慣那個感覺之後，即使身處吵雜的環境，也能立刻進入無重力狀態。只要細胞開始振動、活動，意識連重力都能影響。

這時候，我們的靈魂就會跟高次元存在產生連結。

練習♥ 關於機會

在風象時代東奔西跑找機會，變得比等待更重要

最近開始聽到多點居住、工作旅行等新穎的工作方式、生活方式與居住方式。我也是在東京跟松山各有一個家，也會來往各地方，邊工作邊遊玩。

Covid-19疫情出現後，高次元存在特別傳給我「增加波動」的訊息。這也可以說是活動、增加振動次數、增加速度、來往等行為。

改變據點移動，在某種意義上是持續製造波動。以能量的角度來看，適合持續活動、彼此相連成網的風象時代生活型態。

物理上的移動也是一種動態，藉由改變地方使心情為之一新。情緒變化、身體變化頻繁出現的情況，也跟增加波動有關。

現在有多個住處、沒有固定居所、一直移動的人陸續增加，在某種意義上是時代的必然。

練習♥關於疾病

各種不適都是一時的

請想像有點不舒服，假設蛀牙的時候。

工作時不會痛，面對客戶專心時也不會痛，但工作一結束就開始痛——你是否有過這種經驗？

緊張地專心在某件事上時，疼痛會消失，讓神經專心在某件事。細胞全力運作的狀況，也是活動的時候。

每個人每天都會有小小的不舒服，年紀一大肉體就會劣化，出現毛病也很正常。

可是，即使聽力變差，或是罹患某種疾病，只要活動自己的細胞，抱持著與不適相伴的感覺就好。能不能有這種感覺，跟心境有關。

不舒服就好好地不舒服。

不要太拘泥於疼痛的感覺，跟它保持距離。

不要讓精神太過依賴「因為痛所以去醫院」「只要喝這個就會好」之類的事。

下次啟動前的休息

即使肉體生病，不要連心理都病。維持心理健全，也意味著希望身體康復。

身體與心理的健全，哪邊衰弱，另一邊就會支撐住。就算其中一邊衰弱也不絕望，保持「在下次啟動前先休息吧」的輕鬆感覺，好好休息。

現代很多人有各式各樣的不適，自律神經失調、內心生病，或對很多東西過敏。

請試著面對不適的身體，問「是什麼讓你變成這樣？」，仔細觀察。擁有這副身體的人是你。**身體不會罹患你無法處理的疾病**，內心亦然。

把它當成只是一時出現的情況，不要把自己固定在「那裡」（不適）。

野性、靈性跟內心，都是各自獨立的個體，在體內組成一隊。所以，靈魂發揮作用、修好內心的話，身體機能也會慢慢恢復。請不要忘記。

練習♥ 關於死亡

不抗拒生老病死——人生沒有無謂的事

容我說件有點奇特的事。

過世的人，表情大多很安詳。

大家沒有這種印象嗎？

包含父親在內，我看過好幾次親近的人過世後的臉，送他們最後一程。從這些經驗，我認真覺得他們臉上充滿「我終於能回家了」的喜悅。

畢竟能從現在這副肉體畢業，對靈魂來說，某種意義上是件值得開心的事。當你拿到畢業證書的那一刻，應該也有拿到某種成就證明的感觸，由衷湧起欣喜與喜悅，因為各種無法言喻的想法而忍不住落淚。你是否也有過這種珍貴的回憶呢？

這種感覺就像我從東京回到松山，那種難以表達、被療癒的感覺，「空氣好新鮮！」的感覺。

回到老家跟母親一起對著佛壇上的父親打招呼說「我回來了」，開心笑著談話時想著「今天也要加油」那種精神為之一振，自由解放的感覺。

死亡很接近這種感覺。

肉體總有一天會面臨死亡，從人世間回去靈界的時候，就會體驗到這種感覺。

回到家就很放心，是因為我們原本就具備歸巢的本能。

可是，在死亡的瞬間來臨前，我們要收拾好（我把心情很嗨地處理事物的行為稱作「收拾」）靈魂的任務（功課），在大限來臨前，盡可能做完自己能做的事。

這麼想，你應該會察覺到現在我們煩惱的事情，大部分都不算是煩惱。

對抗「死」「病」「老化」是因為人的自私？

就算如此，現代人還是會想盡辦法延後自己衰老、離死亡更進一步的時程，或是感到害怕、不想生病。

不過，跟某項事物戰鬥、對抗的行為本身，就是野性的自私。

如同65頁說過，意外才是機會。簡單來說，任何事都有意義。所以，**也許對那個人來說，「生病」本身也有它的意義**。

再強調一次，我對肉體的基本想法，就是盡情享受回歸塵土前的現象。

或許是因為我有降生在這副肉體前的記憶，理解對生的執著毫無意義，因此才能興致高昂地度過每一天。

這種輕鬆感，會逐漸成為順利搭上風象時代浪潮的關鍵字。

練習♥ 關於生命

醫食同源的時代——如植物般生活

你知道「醫食同源」嗎？

據說這個名詞意味著治療疾病、維持健康身體的「醫」，與滋養生命、維持健康的「食」，兩者的根源是相同的。這句話出自東方醫學常提到的「藥食同源」，從對身體好的餐點就是藥的想法中衍生出來的新詞。

如果認為醫療跟食物的根源相同，也可以看作醫療與農業相關。

用**跟醫療一樣的標準，重新思考吃進身體的食物**，包含製造的農業方法在內。我非常認同這個源自東方醫學，近年被重新定義的想法。

中藥與東方醫學的智慧，跟對症療法那種立刻投藥治療的方法不同。深入探討：「那個人都吃些什麼？過著哪種生活？」試著在整體自然的發展中找到健康。

所以，即使身體好轉，也不會出現不自然的副作用。

這是我覺得自己比較適合東方醫學，可以信賴它的理由。

長命不一定是好事

另外，我也不覺得人的壽命越長越好。

原本壽命是用來表示一個人的天壽，即使要與衰老或疾病共存，只要能幸福地活到肉體效期結束，就是健康。

如同植物從大地獲得營養，綻放美麗的花朵，為了某個人的性命獻出自己結的果實般，吃得好、活得好就是最重要的事。

在思考有關治療或健康的同時，還要重新留意去栽培讓我們變健康的食物，以及再次回顧農業與自然環境。

我們應該將人們經營的事業、農業、產業等各種成品或過程，當成反映自己體內的一面鏡子。地球的意識跟構成我們身體的物質，基本上是相同的。

舉例來說，現在的土壤狀態、土中微生物的狀態、生態系的狀況如何呢？一想到使用化學藥劑的土壤狀態等同於自己的身體狀態的話，不覺得很驚悚嗎？

第四章

魂活行動

每天持續培育新的自己

終於到了最後一章。
這章告訴想在日常生活中更深入具體實行魂活的人相關方法。
想活動身體感受魂活的人，可以試著執行本章介紹的方法。
不要只用頭腦理解，試著持續做，觀察自己有什麼變化。
以過程跟結果回饋自己，是跟靈魂世界相連的最佳辦法。
我們每天都在重生。
請試著培育出每天進化的自己。

行動♥

改變樣式

改變物品位置，小小的變化也會帶來新發展

聽說房間的狀態會表現出居住者的心理狀態，真是沒錯。心態與人的生活是吻合的。

你所處的空間、房間，都像是反映身體的一面鏡子。

所以，整理房間會讓身體與能量循環更順暢。**你看到的世界，基本上就是反映出自己的鏡子。**

任何事物包括宇宙、地球、民族、國家、房間、人類、細胞，都是縮影，都是用同樣的法則製造出來的，所以如同太陽或季節交替，一切事物在循環中的狀態才是正常運作。

感覺不太順利時，試著搬家也是改善的好方法。

在日本搬遷神明所居的神殿稱為「式年遷宮」，最知名的是每二十年搬遷一次的伊勢神宮。這個儀式的基礎有神道思想中的「常若」，意味著神明要經常在新神殿迎接人們。因此，每次神明搬家一定會蓋新神殿。持續汰舊換新，時常保持年輕，永久持續。

也就是說，要時常**保持流動**。

靈界常說「波動很重要」，這代表持續變化、搖擺。我們需要這麼做才能不斷與靈界連結，維持良好的狀態。

用「這個感覺」對待自己的住處

每個人都能立刻簡單實行的方法，就是試著把房間某個東西改放到自己覺得適合的位置。

以某種形式在空間中放進新元素，對能量循環、習慣變化非常有效。例如，重新專注於房間時，有沒有曾經出現過「奇怪？之前放在那裡的東西，現在比較適合放在這裡」的想法？嘗試在空間放觀葉植物等做些改變，現在就去感覺你所在的地方。

再強調一次，對待房間（住處），等於對待自己的身體。不管哪種方式都一定會隨時間劣化，所以要去接受變化的到來。

沒事的，我們知道很多聰明的方法。

老化後視力變差就掛上眼鏡，或是用助聽器等輔助衰退的機能。就是靠這種方式，來跟每天變化的身體相處。

任何事物都會變化，所以開朗地說「ＯＫ！」接受它吧。

雖然不會重新變得生龍活虎，仍可做些陳設改變或變動物品位置等改造，營造出接近煥然一新的狀態。這樣一來，不光是現在的自己，為自己加油的靈界居民也會開心。

重要的是不抗拒變化，接受它，和它一同攜手向前吧。

行動♥健行

覺得沮喪就走路吧——真印流走路靜心

找回新身體的眾多方法中，我自己在做的非常簡單，就是走路。

走路時有個小訣竅，擺動雙臂時，要刻意抬高到九十度角。這麼做的原因，是增加體內的振動頻率及振動速度，透過製造波動來提高能量。

走路的好處在於腳跟踩地時，會讓名為仙骨的骨頭發出聲響，形成聲音傳導。仙骨跟顱內的蝶骨相連，只要腳跟踩地，就會一路共振到頭部。

也就是說，從頭到腳能透過音波調整為相同的波長。這種狀態等於在打掃脈輪*，讓能量循環、輪替更順暢。

如同第一章所說，肉體藉由內心這個管道，與精神、靈魂世界相連。此時的連通口就是第四脈輪，它位於胸口正中心。走路時最好也注意一下第二脈輪，它與俗稱的下丹田重疊。

開始思考如何刺激下丹田，嘗試各種方法後，我找到的答案就是一開始介紹的，走路時把雙臂抬高到九十度。這麼做就會自然在下丹田用力。

*脈輪在梵語中意味著輪狀、圓、圓盤、車輪。從頭頂到肛門共有七個脈輪，每個脈輪各司其職，負責調整精氣流動，活化體內。

插曲⑤

「轉動梅爾卡巴」——成為新時代關鍵的訊息，某天突然降臨

「轉動梅爾卡巴。」

像咒語般的訊息，是我在 Covid-19 疫情來臨前突然接收到的。

處於「梅爾卡巴是什麼？」狀態的我，剛開始覺得這是什麼鬼？不過來自高次元存在的建議，大多都是這種我沒聽過的未知詞彙。

所以，一如往常，我試著釐清梅爾卡巴是什麼。

盡所能查詢之後，發現梅爾卡巴似乎表示能量形狀的八面體圖形。（在網路搜尋後出現好多立體圖。）

另外還有「梅爾卡巴冥想」，文章介紹這個冥想法是為了活化每個人體內的能量中心。簡要來說，梅爾卡巴是位於身體中心，迴轉的東西。只要讓迴轉加速，就能增加能量傳到身體的振動頻率。

因此，我開始刻意意識體內的梅爾卡巴，進行各種實驗，想找出怎麼做才能讓身體振動，或是怎麼做才能出現迴轉的感覺。

「讓全身振動頻率變好的動法」「聲音、光線，自然的搖晃」「情緒變化」等，每天都從迴轉跟振動的觀點重新思考。

到了今天，似乎才慢慢了解「轉動梅爾卡巴」這個訊息的真正意義。

收到訊息後，我一直在思考要怎麼「轉動梅爾卡巴」，最後決定在平常散步時實行看看。

我發掘的就是228頁介紹的方法，在下丹田用力的走路法。嘗試這種走法之後，身體一下子就變暖了。

我察覺：「啊，這大概就是增加波動了。」

邊走邊在下丹田用力，順利的話會逐漸感覺身體好像在飄浮。跟深呼吸時一樣，進入感覺不到身體重力的境界。以這種狀態散步，身體會變得驚人地清爽。

雖然流汗也有排毒效果，不過這種做法也是一種排毒。感覺就像透過走路洗清一整天的髒汙。

同時我發現，在這樣的狀態靜心，靈魂會立即變得超容易傳接訊息。因為所有脈輪都正常運作，就可以創造出容易與高次元存在聯繫的狀態。

行動♥ 斷食

清除身體的快取檔案，讓身體更輕盈的新月斷食

有時候我們吃東西會吃到讓身體感到負擔。如果莫名變得無法順利進食，可以試著斷食看看。

我每月會安排一天「斷食日」。這麼做能重新整理身體的感覺，味覺會變得非常敏感，對甜味或辣味的解析度也會增加，連水喝起來都是甜的。就像把身體初始化。

我會配合月亮週期來調整身體的頻率。具體來說，我會在新月的日子斷食。

即使不經常吃粗食，只要重複斷食好幾次，就能重新整理身體。在恢復感覺的過程中，可以吃跟不能吃的，身體自然會越來越清楚。

聽到斷食會有種嚴苛的感覺，若把它看成不在意結果，只是放鬆觀察自己，說不定也不錯。

吃當季跟好吃的食物

我平常會盡量讓自己吃新鮮又好吃的當季食物。

吃當季食物意味著跟從自然倫理、在大自然中順從能量流向的行為。身體深處會感受到「好吃！」，只限於在需要時吃到需要的東西。

自問對自己來說，最好吃的狀態已達到幾成，等於在問自己為了維持野性的健康，滿意到何種程度。

所以，我決定拚命找出好吃的東西。

行動♥感動

欣賞藝術引起的身體化學反應

以前人類能直接從太陽吸收能量。

當我們還保有純粹的身體時，不只跟光共振，也能跟顏色與聲音產生作用、共振與共鳴。

在世界各國發現的壁畫、雕刻或古代繩文陶器等古物，有讓人大開眼界的內容，融合看得見或看不見的東西的各項作品都十分出色。

生於現代的我們，變得不擅長振動空氣來產生共振與共鳴，因此會無條件地渴望能感動自己的各種調劑。

可是，在身體敏感度劣化、退化的近代，變得只能靠知名度跟價格來判斷是否為傑出的藝術作品。

這些作品淪落到落入享盡極度豪奢的部分藝術愛好者手中。

這不就是土象時代的結果嗎？

可是，現在終於進入風象時代，感受看不見的事物的力量，在人們身上復甦。

藉由與看不見的事物相連，今後藝術將逐步發展。構成身體的波動與藝術散發出的波動產生連結，會讓身體變得更輕盈、自由。請平時到藝廊或博物館，主動接觸美麗的事物或藝術。這是沒有副作用的生命仙丹。

行動♥ 耳朵靜心

主動接觸美麗事物或大自然

我出過「一天感動三次」的功課給找我諮商的人。

推薦接觸巨木或巨石、在陽光下做瑜伽的太陽禮拜、聽聲音、欣賞繪畫。就像「感謝下雨了」「今天的風在生氣嗎？」或是「星星好漂亮」之類，不用想得太難，刻意去注意單純的感受，然後跟從自己的感受行動。這些做法都與靜心有關。

例如，耳朵靜心就是一種正念覺察，專注在聲響上，重複讓自己在分辨聲響中專心或分心。

在進行之前介紹的走路靜心時，說不定也很適合嘗試耳朵靜心。

行動♥療癒

保留當自己的「代理父母」、慰勞與感謝自己的時間

如果現在的你，已經代替父母在餵養自己，光這點就足以讓你稱讚自己、慰勞自己了。在睡前留一段稱讚、慰勞自己的時間也不錯。

我們生活一定需要經濟活動，也就是工作。這個狀態伴隨著責任，所以當然無法像小時候那樣，有父母餵養而感到豐足或安心。沒事的，雙親跟你一樣都走過這個階段。

雙親也有優缺點，不關心你或是相反的太過干涉，一粒米百樣人。

至今我諮商過約十萬人的人生問題，所以明白世上有各種親子相處模式，當中沒有正確解答，各自有憂有喜。

離開父母身邊獨立、代替雙親角色的時候，就是面對自己、珍惜自己的最佳機會。小時候父母做的那些讓你開心、快樂的事，盡可能地讓它持續下去。另外，不要對自己做那些你討厭的事。

不肯定自己、被害者意識強、習慣「還不夠！要更多！加油加油！」逼自己的人，這些可能都是基因惹的禍，使你忍不住在無意間對自己做出父母做過的行為。心裡有底的人，要特別注意。

請察覺，無論何時都要讓自己像小時候天真玩耍般「從容」。

讀書、看電影、跟朋友吃飯等，有沒有保留享受的時間給自己呢？就算是一下下，也要讓自己開心。

稱讚、認同並感謝維持生活的自己。

期待接下來繼續更新、進化的自己。
因為只有自己絕對不會背叛自己。

行動♥ 接地

打赤腳就好！用地球能量療癒自己的訣竅

你有聽過「接地」（earthing）這個詞嗎？接地的「地」是指地球。接地又稱「扎根」（grounding），意指赤腳直接接觸地球，獲得能量的活動。

需要意識的東西非常單純，只要赤腳感受地球中心的氣就好，不用太在意磁場之類的事。

地球內核有漂亮的中心，穿越表面上無盡的物質，跟中心相連的意識。

試著在一週內，赤腳走路約六天，就會變得比較容易接地。不需要走在土壤上，在家裡也可以進行。

行動♥參拜

讓神明幫助你的簡單方法

每塊土地或地區都有神明、看不見的存在。

例如出生地的土地神，日本稱為「產土神」，是跟你特別有緣的存在。你活著的期間，即使離開了那片土地，還是跟那個神明連在一起。

在求職或結婚等人生階段，最好拜訪神明打聲招呼。看到你有精神的模樣跟成長，神明一定會很開心。

在搬家或長期旅行等，移動到新地方的時候，我一定會去拜訪管理當地的神明，跟祂說「初來乍到，請多多指教」。

不管到哪裡，一定有守護那塊土地的守護者。

所以，到新的地方時，最好先查清楚該地的廟院或聖地後再前往。這樣，你跟那塊土地的緣分會變得更深。

行動♥名字

了解名字原有的職責跟力量

某天，有個窮途末路的飼主拜託我找尋失蹤的狗狗。所以我暫時將意識「借放在」那隻狗狗身上。

弄丟東西時，把自己「借放在」物品上，有時可以從遺失物的角度看到它在看的景色。所以，這次我打算用這個方法。

從狗狗的視角看到的景色如下：眼前停著一台貨車，看到很多忙著搬東西的人走來走去。從牠所在的建築物來看，像是搬運公司。問了飼主後，發現那是平常狗狗被綁著時能看到的景色。接著狗狗開始移動，景色也跟著改變。於是，我們根據看到的景色推測狗狗的移動路線跟所在地後，真的在那個地方找到牠了。

不管是遺失物還是生物，我都可以進入它體內推測所在地。但是，要進入體內，必須先呼叫他們的名字。

如何取名、如何稱呼，在分辨事物跟生物上非常重要。

去參拜或祈禱的時候，我們會在祈禱文的開頭報上自己的名字跟住址，就跟這個行為相同。世上有很多跟自己同名同姓的人，這是因為父母在幫小孩取名時，一定有什麼類似的背景或想法。

我想說的重點是，要明確掌握自己的人生任務，名字是非常大的線索。我現在使用的名字「真印」，不是父母幫我取的名字（本名）。這是在決定以心靈諮商為生計時，突然浮現在腦海的名字。因為覺得這個名字有意義，所以很珍惜地繼續使用。

有興趣的話，務必時不時去思考蘊藏在自己名字裡的意義。這樣一來，也更能看清人生的任務。

行動♥ 音樂

直接喚醒靈魂記憶的力量

站在人群裡或是身處祭典或演唱會的音樂空間時，我曾經進入出神狀態。即使心靈敏感度不高，應該也有不少人跟我有過同樣的經驗。

那時的感覺就像在麥克風發聲時，由音響中傳出的聲響與自己的聲音融合在一起，身體會如融化般越來越舒服。

這裡介紹的「聲明」以及之後會提及的「嗚啵啵」，都屬於這種情況，關鍵在於「迴圈」。

借用自己跟他人的聲響發出的節奏力量，透過反覆重疊聲響的迴圈，讓自己進入出神狀態。

這正是與高次元存在連結時的狀態。

相信你也會在進入出神狀態時，感覺自己進入能接收到訊號的領域了。

音樂告訴我們的事

你知道「聲明」嗎？

聲明的意思是「用聲音明亮照耀」，表示在經典加上節奏，可唱誦的佛教音樂。說不定有人在寺院聽過這名詞。

佛典中的字詞有獨特的聲響，聽起來像被聲音照亮後進入體內的感覺。平常對心靈領域沒興趣的人，說不定也在神社或寺院裡聽過祝禱、聲明或雅樂而忍不住感到訝異，或是回神發現自己正專注聆聽這些聲音。

這正是喚醒沉睡在體內、與根源相關記憶的瞬間。

音樂，可以直接喚醒靈魂的記憶。

就算平時只注意眼前的東西，聲音也會像放映機那樣，照亮原本寄宿在體內、喚醒「我們本來就能簡單跟高次元存在同步」的感覺。

我們能藉由任音樂擺布，直接意識到以前有智慧的人幫我們記錄下的內容。

從下一節開始，會介紹運用聲音與文字、屬於中高程度的方法，也會提及比先前更不可思議的心靈故事。

可是，無論哪個方法，我都自己執行且確認過效果，因此希望大家能期待。覺得只有我才做得到的人，請務必挑戰看看。

行動♥抄經

抄寫經文後發生出乎意料的好事

除了唱誦祝禱之外，我也會每天邊誦念心經邊抄經。

我會把寫上心經的紙用在各種地方，根據用途可能用火燒、放水流、埋土中等。不只在調整自己的最佳狀態與靜心時派上用場，也能有效實用於各種場合。對心靈領域有興趣的人，請務必嘗試看看。

（※因為可能會埋在土中，我在抄經時不會用原子筆，只用水跟墨。因為想在回歸大自然時，盡可能使用不傷害到大自然的東西。）

【抄下的心經用法】

・埋在土裡

把謄著心經的紙，以七張為一組埋在土裡。藉此供養祖先或當作祭祀地神的地鎮。

・放在感到不適的地方後燒掉

抄著心經的紙，以六張為一組放在身上。這類似氣功裡所謂的「吸取」，吸取身上的邪氣，所以要放在身體感覺不適的地方。

我也曾經在父親因白血病倒下的時候，將紙放在爸爸不舒服的地方，似乎順利減緩他的疼痛與痛苦。

接觸過身體的紙，因為吸取了邪氣，與其直接丟掉或埋起來，不如直接燒掉比較好（最近不太能直接燒東西，所以放在平底鍋燒掉也ＯＫ）。

我發現神奇的是，燒紙時能了解當時的身體狀況，十分有趣。

身體狀況差的時候，接觸過身體的紙在燃燒後會縮成一團黑；相反的，如果身體康復或很有精神的時候，接觸過身體的紙在燃燒後會變成一片白，在空中飛散。用眼睛看就能明白，是非常有趣的現象。

在意的話自己先嘗試看看

我在以前寫的書或雜誌連載專欄中介紹過這些方法，讀者請我告訴他詳細的做法，不過我建議自己先試著做一次看看。

透過嘗試觀察自己身體上的變化，當作開始的第一步。

我自己也是在嘗試多種組合後才找到現在的方法，這只是我現階段認為的最佳方法。再者，每個人適合的方法也不同。（我也試過各種抄經方法，現在的方法大部分是參考橘香道老師的方法。）

而且，人不太會去執行別人輕易告訴你的事。越是別人教的方法，越無法持續下去，或是變成習慣。這真的非常可惜。

如同本書強調，風象時代是個人的時代。建議不要想靠別人的力量，遇到有興趣的事，先自己去嘗試，確認看看。

行動♥聲音

運用聲音——倍音聲明、嗚啵啵

我每天都在抄經。抄寫發音，唱誦；當空氣振動時，我就會進入出神狀態。每天早上透過這種做法，來確認跟高次元存在之間的連結。

連結到這個領域的速度就會越來越快。

你也會在持續實行的過程中，心裡逐漸有底，了解如何做才對。如果能掌握這個感覺，和守護自己的高次元存在，在溝通互動時會逐漸變得更迅速。

這裡介紹更多應用方法。

運用母音的靜心方法中，有個名為「倍音聲明」的方法。

【倍音聲明】

運用母音的靜心法之一，眾人圍成一圈發出母音的方法。有各種做法，都是透過聲響的力量接觸脈輪，以眾人的聲音營造出靜心空間。

眾人藉由聲音與呼吸，營造聲響的空間，這在某個意義上與舉辦祭典相同。

就算實際上沒有互相牽手，也有大家牽著手的感覺。在這種場合更容易彼此連結（相連）。

雖然不是機器人合體，不過聲音跟呼吸的集合，能化為比單人更大的生物，發揮機能。

從歷史上來看，獨裁者大多禁止人們聚集唱歌跳舞，恐怕是因為他們明白相連的力量之大。

另外，我們常說「跟那個人很談得來，很有默契」，這是發揮能量到極限時非常重要的事。聲響會讓身體更輕盈，進入出神狀態。

【嗚啵啵】

嗚啵啵是愛奴語裡的「歌」，這個字也被翻譯為「座歌」，指輪唱的歌。有些是農忙或划舟等勞動的歌，也有用樂器或拍手做出節奏來唱的歌。不只是愛奴的傳統歌謠，世上還流傳著一些大家一同演唱，類似儀式般的歌。

只要聽過愛奴人流傳下來的傳統輪唱歌謠，真的會立刻進入出神狀態，完全是聲響的魔法。

行動♥文字

感受文字不可思議的力量

我經常想，文字具有不可思議的力量。

當我去某種力量很強的地方時，能看到空間浮現出如同化學記號般的文字。因為對這些文字有興趣，我開始學習古代文字。

例如秀真文字（編按：日本古代文字。），看起來就像是元素記號。

我在造訪奈良縣的箸墓古墳時，就看到空間浮現出非常清晰的黑字，明顯到我懷疑是不是能直接謄寫在紙上。

雖然不知道為什麼會這麼清晰，我深刻了解這裡是能量湧出的地方。我只要去能量很強的地方，就會有種全身被搖動的感覺。

就算我「看得到」，也不知道為什麼文字會浮現在空無一物的空間。只是能感覺到這些浮出的文字，有著很重要的意義。

因此，我開始試著抄寫古代文字的祝禱。接著，就像本章介紹的，出現各種有趣的效果。

本章介紹了文字、語言以及許多用到聲響的心靈魂活方法，找到這些方法的契機都是源於我到能量強的地方就會看到浮現的文字的個人經驗。

如果你也有莫名覺得很在意的事，請務必追尋深究看看。它一定會帶你找到獨特的魂活方法。

結語
步入希望的時代

「可惜」「啊～好可惜」「唉～真可惜」，這是我跟客戶諮商過程中時常脫口而出的台詞。因為大多人只用到自己原有能力的三分之一，還苦於以為那三分之一是自己的全部。

明明一天有二十四小時，卻只放大檢視那一點點的八小時，並為此感嘆。

這種人真的太多了。

可能是土象時代的副作用吧。以家世、資產、職業、學歷、年收等拘束來決定優劣，跟他人比較，增加自己的存在價值，這是資本主義經濟的陷阱。

絲毫未懷疑過這個意圖，身陷其中的人還很多。

「以高收入為目標，要讓自己的生活比現在更好！」若從自身原本的故事主題來看，只是一小部分。

說真的，這個目標根本跟原本的任務無關，終點不在同個向量上。

回想起兒時的熱衷

小時候我們是興趣與好奇心的結合體。無憂無慮跟大自然一起玩，專心做自己喜歡的事、想做的事、幾乎無益的事。這都是因為有父母這個充滿安心感的舞台。

小時候不須擔心經濟，能維持天真，不管是誰，體內靈魂的記憶都十分鮮明。所以，我們這次在世上出生的理由、目的的線索，就藏在未就學的時代。聽到這點，我能猜想你應該深陷於無力感，心想：「蛤～只是專心玩，怎麼會是解開人生最大主題『究竟為何而生』的關鍵呢？」

長大成人後，要從父母的舞台自立。雖然只是從雙親手上接下人生主導權，從事養活自己的經濟活動，不過這時潛藏著很多人容易誤入的陷阱。

許多人會突然莫名開始討厭沒利益的事（享受、玩樂），以為這些是在浪費時間跟金錢，為了未來的自己、為了未來能安心，一股腦地只是重複消耗行為。

這樣一來，就會離原本的幸福越來越遠。

踏入這個陷阱的人非常多，請小心。

我們要代替父母，讓自己安心。

每天稱讚自己、認同自己、感謝自己。

接著，跟無憂無慮的時候一樣，給自己自由跟解放的時間。去享受充足豐富的玩樂時間。

這樣做之後，就算日常遇到小事，也能笑著原諒。

放心吧，一天有二十四個小時。

多多發掘自己

在遠古時代，我們感覺得到山川、大海與大地、樹木與岩石等自然環境，這些自然的土地、來自天空的光，都有著人類智慧無法比擬的龐大力量。

於是，我們讓自己擁有辨識事物的能力，養成敬畏與畏懼大自然的習慣。這種直覺天線，現在仍沉睡在體內。我們還有很多沒用到的機能，跟還在沉睡中的可能性。

發掘自己，察覺自己是保有祖先基因以及靈魂記憶的優秀人才。希望這本書能幫助你發掘、調查。

我們一定能帶領自己走向幸福。

這是彼此分享幸福的人所串聯成的世界。

期望這個共享幸福的圈圈，能推廣到全世界。

插曲⑥

輕快旅行——感謝你讀完本書

為什麼我會出生？
是為了什麼才出生？
這是小時候一直反覆問答的疑問。

我感覺人也是地球的一部分。
大自然的威力、威脅，是地球的復原反應。
我們是住在地球上的大家庭。

身體、靈魂很重要。
他人、自己很重要。

這是消除隔閡的時代。

是互讓、互享、互連的風象時代。

以上來自為了不再「哎唷~我又掉到（人世）這裡了~」，努力完成這輩子所有功課的真印。

Eurasian Publishing Group
圓神出版事業機構
用心與你對話・視野無限寬廣
方智出版社
Fine Press

www.booklife.com.tw　　reader@mail.eurasian.com.tw

方智好讀 160

魂活：喚醒靈魂記憶，重啓你的人生

作　　者／真印
譯　　者／高宜汝
發 行 人／簡志忠
出 版 者／方智出版社股份有限公司
地　　址／臺北市南京東路四段 50 號 6 樓之 1
電　　話／（02）2579-6600・2579-8800・2570-3939
傳　　真／（02）2579-0338・2577-3220・2570-3636
副 社 長／陳秋月
副總編輯／賴良珠
主　　編／黃淑雲
責任編輯／胡靜佳
校　　對／胡靜佳・李亦淳
美術編輯／蔡惠如
行銷企畫／陳禹伶・蔡謹竹
印務統籌／劉鳳剛・高榮祥
監　　印／高榮祥
排　　版／莊寶鈴
經 銷 商／叩應股份有限公司
郵撥帳號／ 18707239
法律顧問／圓神出版事業機構法律顧問　蕭雄淋律師
印　　刷／祥峰印刷廠
2023 年 7 月　初版

KAZE NO JIDAI WO KAROYAKA NI IKIRU "KONKATSU" NO KYOUKASHO

First published in Japan in 2022 by DAIWA SHOBO Co., Ltd.
Complex Chinese translation rights arranged with DAIWA SHOBO Co., Ltd.
through Lanka Creative Partners co., Ltd. (Japan).

定價 350 元　　ISBN 978-986-175-749-0　

即使沒有許下「想要○○」「想成爲○○」的願望，
世界也會將最適合你的事物，在最佳的時機送到你手上。
——《最適化的世界》

國家圖書館出版品預行編目資料

魂活：喚醒靈魂記憶，重啟你的人生/真印著；高宜汝譯. -- 初版. -- 臺北市：方智出版社股份有限公司, 2023.07
272面；14.8×20.8公分 --（方智好讀；160）

ISBN 978-986-175-749-0（平裝）
1.CST：超心理學 2.CST：靈修
175.9 112007381